GESTIÓN ESTRATÉGICA Y BALANCED SCORECARD PARA MEJORAR EL DESEMPEÑO EMPRESARIAL

Editora Appris Ltda.
1.ª Edição - Copyright© 2024 dos autores
Direitos de Edição Reservados à Editora Appris Ltda.

Nenhuma parte desta obra poderá ser utilizada indevidamente, sem estar de acordo com a Lei nº 9.610/98. Se incorreções forem encontradas, serão de exclusiva responsabilidade de seus organizadores. Foi realizado o Depósito Legal na Fundação Biblioteca Nacional, de acordo com as Leis nos 10.994, de 14/12/2004, e 12.192, de 14/01/2010.

Catalogação na Fonte
Elaborado por: Josefina A. S. Guedes
Bibliotecária CRB 9/870

G393g 2024	Gestión estratégica y balanced scorecard para mejorar el desempeño empresarial / Frank Bollet-Ramírez ... [et al.]. – 1. ed. – Curitiba: Appris, 2024. 83 p. ; 23 cm. – (Ciências sociais. Seção administração). Inclui referências. ISBN 978-65-250-5597-8 1. Planejamento empresarial. 2. Planejamento estratégico. 2. Empresas – Desempenho. I. Bollet-Ramírez, Frank. II. Título. III. Série. CDD – 658.4012

Appris
editora

Editora e Livraria Appris Ltda.
Av. Manoel Ribas, 2265 – Mercês
Curitiba/PR – CEP: 80810-002
Tel. (41) 3156 - 4731
www.editoraappris.com.br

Printed in Brazil
Impresso no Brasil

Frank Bollet Ramírez
Jorge Luis Hilario Rivas
Orison Valera Dávila
Jorge Luis Vargas Espinoza
Manuel Rocha Gonzales
Limber Pinchi Fasanando
Víctor Hugo Puican Rodriguez

GESTIÓN ESTRATÉGICA Y BALANCED SCORECARD PARA MEJORAR EL DESEMPEÑO EMPRESARIAL

FICHA TÉCNICA

EDITORIAL	Augusto Coelho
	Sara C. de Andrade Coelho
COMITÊ EDITORIAL	Marli Caetano
	Andréa Barbosa Gouveia - UFPR
	Edmeire C. Pereira - UFPR
	Iraneide da Silva - UFC
	Jacques de Lima Ferreira - UP
SUPERVISOR DA PRODUÇÃO	Renata Cristina Lopes Miccelli
PRODUÇÃO EDITORIAL	Bruna Holmen
REVISÃO	Cristiana Leal
DIAGRAMAÇÃO	Jhonny Alves dos Reis
CAPA	Carlos Pereira

COMITÊ CIENTÍFICO DA COLEÇÃO CIÊNCIAS SOCIAIS

DIREÇÃO CIENTÍFICA Fabiano Santos (UERJ-IESP)

CONSULTORES:
- Alícia Ferreira Gonçalves (UFPB)
- Artur Perrusi (UFPB)
- Carlos Xavier de Azevedo Netto (UFPB)
- Charles Pessanha (UFRJ)
- Flávio Munhoz Sofiati (UFG)
- Elisandro Pires Frigo (UFPR-Palotina)
- Gabriel Augusto Miranda Setti (UnB)
- Helcimara de Souza Telles (UFMG)
- Iraneide Soares da Silva (UFC-UFPI)
- João Feres Junior (Uerj)
- Jordão Horta Nunes (UFG)
- José Henrique Artigas de Godoy (UFPB)
- Josilene Pinheiro Mariz (UFCG)
- Leticia Andrade (UEMS)
- Luiz Gonzaga Teixeira (USP)
- Marcelo Almeida Peloggio (UFC)
- Maurício Novaes Souza (IF Sudeste-MG)
- Michelle Sato Frigo (UFPR-Palotina)
- Revalino Freitas (UFG)
- Simone Wolff (UEL)

A los gerentes, administradores y miembros del equipo directivo de las organizaciones que realizan la planificación estratégica de su organización y la ejecutan con éxito.

*Traduzca metas y estrategias, en indicadores palpables
y totalmente comprensibles para cada miembro de la organización.*

(Kaplan y Norton)

PREFACIO

Las organizaciones se desarrollan en un contexto tecnológico, científico, económico y social cambiante; esto implica que ellas deben adaptarse a estos cambios, realizando previamente transformaciones profundas en su estructura y formas de administración enfocadas en los clientes.

En la gestión organizacional, después de elaborar un plan estratégico, es necesario llevarlo a la práctica; esto no es una tarea fácil y suele ser un fallo habitual en las organizaciones; ya que se requiere que todas las personas implicadas en el logro del objetivo, la comprendan, estén de acuerdo y sean solidarias para hacerlo realidad, buscando siempre el objetivo de mejora de la efectividad y de la competitividad organizacional, con la mayor sensibilidad y respeto al entorno y en condiciones de seguridad y protección para los bienes y las personas.

Esta obra se refiere al modelo de gestión estratégica de las organizaciones aplicando el Balanced Scorecard que se constituye en una herramienta valiosa que coadyuva en los resultados positivos de todos los factores clave del desempeño de las organizaciones, favoreciendo la parte financiera, mejorando el desempeño del recurso humano, incrementando el enfoque en el cliente y optimizando los procesos internos de la empresa que conllevan a la sostenibilidad de los procesos en forma satisfactoria, generando mayor rentabilidad en beneficio de la empresa.

Por eso, el modelo de gestión o administración estratégica se centra en traducir las estrategias organizacionales en términos operacionales, alinear a los trabajadores en un lenguaje común y realizar un seguimiento integrado de las organizaciones, equilibrando la gestión con los objetivos, las prioridades y los resultados reales, y así obtener un mejoramiento significativo en el desempeño de cualquier entidad, en términos de efectividad y competitividad.

Dr.ª Isabel Esteban Robladillo
Rectora (e) Universidad Nacional de Ucayali

PRESENTACIÓN

En la era de la información y del conocimiento, los modelos económicos han evolucionado significativamente y provocado una revolución en las organizaciones, a partir del advenimiento de un nuevo mundo de gestión estratégica y valorización del recurso humano, encontrándose vigente la economía del conocimiento.

La gestión de las organizaciones requiere de un adecuado plan estratégico y su correcta operacionalización o aplicación práctica diaria, en donde la mayor parte los recursos se destinen al desarrollo de los factores críticos del éxito con metas factibles, basados en indicadores que nos orienten en los niveles de logros de los objetivos, cuando no se encuentran con las magnitudes satisfactorios, poder adoptar las medidas correctivas necesarias y si lo están, buscar la mejora continua; permitiendo a la comunidad organizacional el aprendizaje y corrección de sus deficiencias, utilizando para ello dos herramientas fundamentales: el plan estratégico y el Balanced Scorecard.

El texto se centra en el desarrollo de un nuevo modelo de administración estratégica, para lograr traducir las estrategias en términos operacionales, alinear a los trabajadores en un lenguaje común y realizar un seguimiento integrado de las empresas, equilibrando la gestión con los objetivos, las prioridades y los resultados reales, y así obtener un mejoramiento significativo en el desempeño de la referida empresa, en términos de eficacia y competitividad.

LISTA DE ABREVIATURAS E SIGLAS

BSC	–	Balanced Scorecard
CMI	–	Cuadro de Mando Integral
RENACYT	–	Registro Nacional Científico, Tecnológico y de Innovación Tecnológica
SPSS	–	Statistical Package for the Social Sciences
UNU	–	Universidad Nacional de Ucayali
UPP	–	Universidad Privada de Pucallpa

SUMÁRIO

CAPÍTULO I
PROBLEMAS DE LAS EMPRESAS..17

CAPÍTULO II
LA PLANEACIÓN ESTRATÉGICA..25

CAPÍTULO III
EL CUADRO DE MANDO INTEGRAL (CMI) O BALANCED SCORECARD (BSC)..29

CAPÍTULO IV
NUEVO MODELO DE GESTIÓN ESTRATÉGICA APLICANDO EL BALANCED SCORECARD..45

CAPÍTULO V
MEJORA DEL DESEMPEÑO EMPRESARIAL..57
   5.1 Definición, Función y Finalidades de la Empresa 57
   5.2 Mejora del desempeño empresarial..61

CAPÍTULO VI
FACTORES CLAVE DE RESULTADOS E INDICADORES DE RESULTADOS..63
   6.1. Factores clave de resultados..63
   6.2 Indicadores de resultados 64

CAPÍTULO VII
FUNDAMENTOS FILOSÓFICOS..69
   7.1 Conocimientos, Experiencias y Juicios de Valor en la Gestión Empresarial.....69
   7.2 La Ética:..72
   7.3 Bases Epistémicas 73

BIBLIOGRAFÍA..79

ÍNDICE DE REFERENCIA..81

CAPÍTULO I

PROBLEMAS DE LAS EMPRESAS

En la era de la información y conocimiento, los modelos económicos han evolucionado significativamente y provocado una revolución en las organizaciones, a partir del advenimiento de un nuevo mundo de gestión estratégica y valorización del recurso humano, encontrándose vigente la economía del conocimiento.

Toda organización, empresa o negocio existe si obtiene beneficios. Sin beneficios la entidad pierde su capacidad de crecer y desarrollarse. Como organización debe competir con otras que realizan idénticos productos o servicios. Una empresa tiene que gestionar perfectamente sus recursos, tanto disponibles como obtenibles para alcanzar la rentabilidad económica necesaria, tratando por todos los medios de conseguir un óptimo equilibrio entre los mismos.

La capacidad de crecimiento de una empresa, en el sentido más amplio, se basa en "hasta donde puede identificar las necesidades de sus clientes y como satisfacerlas".

Una empresa es un ente dinámico que crea clientes. La organización empresarial se orienta, como mínimo, a transformar las necesidades de los clientes en oportunidades de beneficios, en donde la calidad es el reto de la economía de servicios y la satisfacción del cliente implica conseguir la saciedad de los requerimientos, deseos y expectativas de los usuarios. Los cambios tecnológicos que se han producido en la sociedad han ampliado el campo de la gestión, que se apoya y funciona a través de personas, por lo general equipos de trabajo, para poder lograr resultados.

La gestión, debe estar al tanto de los cambios que se puedan producir en la empresa, utilizando todos los elementos para responder a dichos cambios, en beneficio de sus clientes y de la sociedad en general. Para concebir el papel de la gestión en el mundo de la empresa es esencial comprender que las personas tienen una naturaleza orgánica en vez de mecánica. Una empresa progresa a través de un complicado desarrollo de relaciones que afectan a toda su organización, en vez de un comportamiento, según unos principios simples de causa-efecto.

Toda empresa diseña planes estratégicos para el logro de sus objetivos y metas planteadas, esto planes pueden ser a corto, mediano y largo plazo, según la amplitud y magnitud de la empresa. Es decir, su tamaño, ya que esto implica que cantidad de planes y actividades debe ejecutar cada unidad operativa, ya sea de niveles superiores o niveles inferiores. La planeación estratégica exige cuatro fases bien definidas: formulación de objetivos organizacionales; análisis de las fortalezas y limitaciones de la empresa; análisis del entorno; formulación de alternativas estratégicas.

El libro se centra en la propuesta de un nuevo modelo de gestión o administración estratégica, para lograr traducir las estrategias en términos operacionales, alinear a los trabajadores en un lenguaje común y realizar un seguimiento integrado de la empresa, equilibrando la gestión con los objetivos, las prioridades y los resultados reales, y así obtener un mejoramiento significativo en el desempeño de la empresa, en términos de eficacia y competitividad.

La obra, tiene como objetivo realizar el diseño de un modelo en el campo de la gestión empresarial, específicamente en la metodología del Planeamiento Estratégico y la aplicación del Cuadro de Mando Integral (CMI), o Balanced Scorecard (BSC), y las repercusiones que la implementación del nuevo modelo de gestión, representan para la mejora del desempeño de la empresa; para tal efecto, el aporte fundamental del es verificar la importancia de la aplicación del modelo de Administración Estratégica, en los resultados que obtienen las empresas en diferentes ciudades del mundo.

1.1 Diagnóstico del Problema: A pesar de la existencia de diferentes enfoques de gestión, como los modelos de calidad (TQM, EEQM, Deming, Malcolm Baldrige, Benchmarking), Balanced Scorecard, ISO 9001:2008, Six Sigma, Teoría de Restricciones, Customer Relationship Management, Supply Chain Management, Valor Económico Agregado, Costeo Basado en Actividades, etc., en donde la gestión empresarial es tratada en forma sistémica, buscando la excelencia en el desempeño organizacional y permitiendo medir dicho desempeño, con cuyo conocimiento el gerente obtiene un panorama completo de la empresa. Sin embargo, en las empresas, con carácter prácticamente generalizado, existe una carencia de una estructura organizativa y racional en las empresas comerciales, a pesar de que la necesidad de un Plan Estratégico en la actualidad es incuestionable.

Pero no basta con elaborar un Plan Estratégico, es necesario además llevarlo a la práctica. Esto no es una tarea fácil y suele ser un fallo habitual en las organizaciones; ya que se requiere que todas las personas implicadas en el logro del objetivo, la comprendan, estén de acuerdo y sean solidarias para hacerlo realidad, buscando siempre el objetivo de mejora de la eficiencia y de la competitividad de la empresa, con la mayor sensibilidad y respeto al entorno y en condiciones de seguridad y protección para los bienes y las personas. Este hecho constituye un claro déficit en las empresas comerciales actuales.

De igual manera las empresas, presentan deficiencias en el manejo de sus recursos, que se traduce en los siguientes aspectos:

a. Desempeño empresarial no evaluado en forma adecuada, en términos de efectividad y competitividad, y que representa lo que la organización consigue para cada uno de sus actores (Clientes, Inversores, Empleados y Sociedad), y se determinan en los:

i. Factores Clave Económicos, medidos parcialmente, para conocer el éxito a corto plazo, faltando el de medio y largo plazo, en relación a:

- ROI = UAI/Activo total
- ROE = Utilidad neta/Patrimonio
- Aumento de ventas
- Aumento de cuota de mercado
- Costos fijos/Costos totales

ii. Factores Clave de Cliente, no evaluados, al no poseer medidas de percepción de los clientes, basados en estudios de opinión, así como carecer de indicadores para medir resultados alcanzados, referentes a:

- Estadísticas de ventas por cliente
- Número de clientes año (n)/ Número de clientes año (n-1)
- Devoluciones/Ventas totales
- Medidas de satisfacción del cliente

iii. Factores Clave de Procesos Internos, no evaluados, al no poseer medidas de percepción de los clientes, basados en estudios de opinión, referente a que procesos tienen que ser excelentes para satisfacerlos, así como carecer de indicadores para medir resultados alcanzados, referentes a:

- Número de reclamaciones/ Número de pedidos
- Fallos en bienes servidos/ Total bienes servidos
- Nro. de productos en mal estado/ Nro. total de productos
- Servicios con retraso al mes
- Nro. de roturas de existencias

iv. Factores Clave de Aprendizaje y Crecimiento, no evaluados, al no poseer medidas de percepción de los empleados, basados en encuestas, grupos focales y entrevistas, sobre motivación, satisfacción del personal; cómo mantener nuestra capacidad de trabajo y mejorar para poder conseguir nuestra visión, así como carecer de indicadores para medir resultados alcanzados en:

- Nro. horas de cursos de formación por empleado/Total de empleados
- Sugerencias por empleado
- Incentivos
- Producción por empleado/ Tiempo empleado

b) La causa del problema, analizando la situación es posible determinar que la causa que origina el desconocimiento parcial del desempeño empresarial y por consiguiente la capacidad de mejorarlo, por parte de las empresas, es la carencia de un modelo de gestión adecuado a las características de la empresa, que ocasiona la falta de conocimiento y entendimiento de los funcionarios de la empresa, de la estrategia de la empresa, para que contribuyan con el logro de los objetivos empresariales, de acuerdo con las cuatro perspectivas que se indican:

i. Perspectiva Financiera, que se manifiesta en la falta de claridad en los objetivos de satisfacer las expectativas de los accionistas, con dos palancas para lograrlo: crecimiento de ingresos y productividad; y la carencia de indicadores para medir el:

- Valor económico agregado (EVA)
- Rendimiento de activos totales (ROA)

- Ingresos
- Rotación del activo
- Crecimiento de ventas netas

ii. Perspectiva del Cliente, que se expresa en la falta de claridad en los objetivos de satisfacer las expectativas y necesidades de los clientes, a través de: los atributos del producto o servicio, las relaciones con clientes y la imagen corporativa; para atraer, retener y profundizar dichas relaciones, y la carencia de indicadores para medir:

- Cuotas de mercado
- Fidelidad de clientes
- Entrada de nuevos clientes
- Satisfacción de clientes con el servicio
- Rentabilidad por cliente

iii. Perspectiva de Procesos Internos, que se manifiesta en la falta de claridad sobre los procesos, en que debemos ser excelentes para satisfacer las expectativas y necesidades de los clientes, y la carencia de indicadores para medir:

- Productividad
- Calidad
- Colas y tiempo de espera
- Sobrecostos

iv. Perspectiva de Aprendizaje y Crecimiento, que se expresa en la falta de claridad sobre los aspectos críticos para poder mantener la excelencia, alineando sus recursos humanos y la tecnología de la información con su estrategia, y la carencia de indicadores para medir:

- Ingresos por nuevos servicios o productos/ ingresos totales
- Nro. de procesos revisados
- Total de gastos de formación
- Sugerencias puestas en marcha/ Total sugerencias

1.2. Proyección de la situación problemática: Si no se revierte esta situación, mediante la implementación de un sistema idóneo de gestión en la empresa, en el futuro se podría encontrar que:

a. La empresa no lograría fidelizar a la mayor parte de clientes.
b. La empresa podría tener problemas económicos o quedar estancadas por dificultades operativas de carácter empresarial.
c. Dificultad del gerente en la administración de la empresa, al no contar con los elementos de juicio necesario para tal labor.

1.3. Control al pronóstico del problema: Por lo que urge la necesidad de aplicar a la mayor brevedad posible, la implementación del nuevo modelo de gestión estratégica aplicando el Cuadro de Mando Integral (CMI) o el Balanced Scorecard (BSC) en la empresa, que responde a los retos que se presenta y lo continuará haciendo en el futuro de la referida organización.

Para mejorar los aspectos descritos en la administración de la empresa, objeto del libro y convertir los desafíos que afrontan los dueños y gerentes de la empresa, en oportunidades de conocimiento, control y mejora, lo cual redunda en mayor rentabilidad y crecimiento programado; se propone:

a. Implementación del nuevo modelo de gestión estratégico aplicando el Cuadro de Mando Integral (CMI) o Balanced Scorecard (BSC): en la empresa, para la mejora significativa de su desempeño empresarial; se hace necesario establecer los niveles de implementación en la empresa, del referido modelo de administración estratégica, como un instrumento de medición de su desempeño, permitiendo identificar los factores que contribuyeron a generar valor para la empresa en el mediano y largo plazo, así como reformular las estrategias correspondientes.

b. La utilización sistemática del nuevo Modelo de gestión: la eficacia del modelo radica en una buena comprensión de sus fundamentos, una aplicación completa, que implica a la dirección de la empresa y una revisión permanente de sus resultados para el alineamiento hacia un desempeño de negocios superiores.

1.4. Justificación del libro. El estudio procura abordar un problema fundamental, como fue el limitado desarrollo del sistema de gestión de la empresa, y la obra resulta vital, ya que la necesidad de un modelo de gestión estratégica con la aplicación de los conceptos y la metodología del Cuadro de Mando Integral (CMI), en un entorno de fuerte competencia entre empresas del mismo rubro, obliga a disponer de un modelo de gestión adecuado, que se constituya como factor clave para la efectividad y competitividad de la empresa.

Este nuevo modelo de gestión estratégica, que se propone, se basa en dos herramientas fundamentales. Por un lado, el Plan Estratégica de la empresa y por otro lado el Cuadro de Mando Integral para operacionalizar dicho Plan. El Cuadro de Mando Integral logra que todos los trabajadores de la empresa sean conscientes y solidarios para llevar adelante el plan, mediante la concreción de unos objetivos e indicadores susceptibles de ser medidos y valorados, alineados con esa estrategia. Estas razones hacen que la obra sea prioritaria; aplicada a una empresa de cualquier sector, en una actividad que contribuye al desarrollo socio económico de la región. El libro es relevante, toda vez que aporta una metodología que facilita la elaboración de la estrategia de la empresa, concreta su contenido, contribuye a hacer realidad su puesta en práctica, de forma que se puede medir y valorar el desarrollo y cumplimiento de esta estrategia y que, finalmente, permite llevar a cabo el necesario seguimiento de la misma y el establecimiento de conclusiones y pautas de aprendizaje, para que en un proceso de retroalimentación y de mejora continua, logre que la empresa mejore en su desempeño. La oportunidad de esta obra está plenamente verificada, en efecto, la mejora de la eficiencia y la competitividad es algo imprescindible en una empresa, que compete en el mercado; orientar su estrategia al mercado y buscar mecanismos para hacerla realidad en el día a día se convierten, en un objetivo capital. El libro se orienta a las empresas comerciales generales y se puede aplicar a otras empresas de diferentes rubros, promoviendo de esta forma el mejoramiento de la calidad de gestión de las organizaciones y de servicios comerciales, coadyuvando a la vez, que las empresas sean rentables y puedan crecer.

1.5. Importancia del libro. Frente a la existencia de una serie de deficiencias que se observa en el sistema de gestión de las empresas, que limita su normal desarrollo y crecimiento, urge la necesidad por parte de los directivos, de buscar nuevas orientaciones gerenciales que permitan crear valor y generar utilidades, pero no mediante el recorte de costos, sino mejorando la rentabilidad de sus unidades de negocio a través de estrategias de desarrollo y crecimiento innovadoras. Este nuevo modelo de gestión estratégica, permite a los directivos, la determinación de los elementos críticos en una estrategia de crecimiento.

1.6. Viabilidad. La metodología del nuevo modelo de gestión estratégica, integra numerosos elementos de la estructura y de la actividad empresarial, para que las organizaciones, al margen de los referidos elementos que desarrollen, tamaño, tipo, etc., puedan alcanzar el éxito. Este sistema de gestión, traduce las estrategias en objetivos interrelacionados, medibles a través de indicadores y ligados a unos planes de acción que logren alinear el comportamiento y acciones de todos los miembros de la empresa.

La metodología del nuevo modelo de gestión estratégica, con enfoque sistémico, puede ser implementada en las empresas de cualquier tipo, ya que parte de la visión y estrategia de la empresa y de allí se definen los objetivos financieros requeridos para alcanzar la visión, y éstos a su vez son los resultados de los mecanismos y estrategias que rigen los efectos con los clientes; los procesos internos se planifican para satisfacer las necesidades de los clientes y los requerimientos financieros; y este modelo reconoce que el aprendizaje y crecimiento es la plataforma donde reposa todo el sistema.

El nuevo modelo de gestión o administración estratégica, produce un impacto positivo en la gestión de la empresa, que se manifiesta principalmente en:

a. Contribuir a maximizar la rentabilidad y a la creación de valor en el tiempo.
b. Comunicar la visión y estrategia a toda la organización.
c. Traducir objetivos estratégicos y tácticos de la organización en medidas individuales de rendimiento y productividad.
d. Ofrecer a cada empleado su contribución individual, al logro de los objetivos de la empresa.
e. Ligar los resultados con los procesos que se desarrollaron en el logro de los mismos.
f. Alinear las estrategias de la empresa con las competencias requeridas del personal.
g. Monitorear los recursos necesarios para el logro de objetivos.
h. Elevar los niveles de servicio a clientes internos y externos.
i. Instaurar un proceso continuo de generación y modificación de estrategias.

CAPÍTULO II

LA PLANEACIÓN ESTRATÉGICA

La planeación estratégica, el control de gestión y la calidad total son los fundamentos de la excelencia. La planeación estratégica fue el proceso sistemático y permanente mediante el cual la organización determina su propósito, su orientación y sus actividades. Supone la elaboración de un documento formal que determina las perspectivas a largo plazo de la organización, establece sus objetivos y estrategias y orienta la aplicación de esas estrategias a través de la formulación de planes de actuación. En ella se plasman los elementos fundamentales que constituyen la esencia y a la vez marcan el proceso de la formulación del Plan Estratégico. El punto de partida de la pirámide estratégica lo constituye la visión-misión, origen de la planificación y soporte teórico que se desarrolla en líneas estratégicas y objetivos. Las líneas estratégicas son conceptos más generales que engloban en su seno varios objetivos estratégicos. Éstos representan las guías estratégicas que generan tensión entre la situación actual y futura de la empresa. Los objetivos tienen diferentes rangos: por un lado, los objetivos corporativos de la empresa y por otro, los objetivos más concretos para cada área. Las estrategias, son necesarias para poder llevar a cabo los objetivos. El diagnóstico interno y del entorno exterior nos da un conocimiento suficiente para determinar y analizar las ventajas competitivas de la empresa.

2.1 **Objetivos de la planificación estratégica:** Los objetivos más importantes de la planeación estratégica son:

   a. Diseñar el futuro que fue el deseo de la empresa e identificar el medio o la forma para lograrlo.

   b. Identificar y evaluar las fortalezas y las limitaciones de la organización.

   c. Identificar y evaluar las oportunidades y los riesgos que el entorno le planteó a la organización en el corto, mediano y largo plazos.

   d. Crear y mantener una estructura de organización que fuera capaz de soportar un sistema de decisiones oportuno y eficiente.

    e. Crear y mantener la competitividad de la empresa.
    a. Estar en condiciones de aprovechar las mejores oportunidades de negocios.

2.2 **El proceso de la planificación estratégica**: La planeación estratégica se implanta en nueve pasos:

   a. Identificación de la misión actual de la organización, sus líneas estratégicas y objetivos.
   b. Análisis de los recursos de la organización.
   c. Identificación de las fortalezas y limitaciones.
   d. El análisis del entorno externo.
   e. Identificación de oportunidades y riesgos.
   f. Revalorización de la misión y objetivos de la organización.
   g. Formulación de estrategias.
   h. Implantación de la estrategia.
   i. Evaluación de resultados.

2.3 **Plan estratégico:** Para llegar a estructurar un buen plan estratégico es necesario seguir una serie de pasos:

   a. Diagnóstico externo e interno.
   b. Análisis y diseño estratégico.
   c. Implementación de estrategias.
   d. Evaluación de estrategias.

2.4 **Relación entre planeación estratégica y control de gestión** El proceso de toma de decisiones es fundamental para la comparación de los resultados logrados, con las previsiones y objetivos, para poder tomar correctivas. A este proceso se le denomina control de gestión. La planeación estratégica y control de gestión son dos fases del ciclo administrativo, que se reforzaron mutuamente.

2.5 **Etapas para la aplicación del modelo de planeación estratégica:**

   a. Primera etapa: análisis de fuerzas, limitaciones oportunidades, y riesgos (Análisis FLOR).

b. Segunda etapa: integración de insumos, correlación existente entre los documentos normativos y la actividad de la empresa.
c. Tercera etapa: definición de la misión, visión y líneas y objetivos estratégicos.
d. Cuarta etapa: identificación de proyectos, procesos y servicios.
e. Quinta etapa: establecimiento de sistema de medición de indicadores estratégicos, de gestión, y de servicios.

2.6 Beneficios del planeamiento estratégico. Los beneficios del planeamiento estratégico son:

a. **Exige tomar conciencia de los objetivos. Deben ser claros y determinados**:

i. El mercado que se requiere atender, el producto que se requiere ofrecer, y los canales de distribución a utilizar.
ii. El mercado debe estar definido en término de las necesidades del cliente que pretende satisfacer.
iii. Para una mayor precisión es fundamental determinar dentro de esa necesidad genérica, aspectos específicos de la satisfacción de grupos de clientes que responden a un patrón común y que constituyen lo que se denomina, un segmento.
iv. El producto se define en términos de cada segmento del mercado e implica determinar las características y requerimientos de calidad exigidos, incluyendo los recursos necesarios para lograrlo.
v. Los canales de distribución se determinan, según los segmentos del mercado y las características de compra del consumidor.

b. **Ayuda a redefinir las metas y objetivos**. Ello implica evaluar los cambios inevitables en los valores y necesidades en el consumidor, en la tecnología, y en los productos, estrategias y servicios de la competencia.

Si se identifican los cambios organizacionales requeridos para lograr esas metas, existe una mayor posibilidad de no cometer errores en la asignación de recursos, los cuales pueden resultar muy costosos para la organización.

La administración estratégica permite que la organización tome parte proactiva en lugar de reactiva, en la configuración de su futuro, es decir, la organización es capaz de emprender actividades e influir en ellas y, por consiguiente, puede controlar su destino.

Desde siempre, el mayor beneficio de la administración estratégica consiste en que sirve para que la organización tuviera mejores estrategias, gracias a que se usa un enfoque más sistémico, lógico y racional para elegir sus estrategias. No cabe duda que se trata de un beneficio importante de la administración estratégica, pero se han realizado ciertas investigaciones que demuestran que la contribución más importante estuvo en el proceso y no en la decisión o el documento que resulten.

La comprensión puede ser el beneficio más importante de la administración estratégica, seguido por el compromiso. Cuando los gerentes y empleados comprenden lo que hacen, muchas veces se sienten parte de la empresa, y se comprometen a ayudarla. Es asombroso lo creativos e innovadores que se vuelven los gerentes y los empleados cuando comprenden y respaldan la misión, los objetivos y las estrategias de la empresa. De esta manera uno de los grandes beneficios de la administración estratégica es, de que el proceso brinda la oportunidad de facultar, es decir ceder al personal el poder de decidir. El acto de facultar refuerza el sentido personal de eficacia.

CAPÍTULO III

EL CUADRO DE MANDO INTEGRAL (CMI) O BALANCED SCORECARD (BSC)

3.1 Evolución Histórica del Cuadro de Mando Integral (CMI). Los orígenes del Balanced Scorecard (BSC) o Cuadro de Mando Integral (CMI) data de 1990, cuando en los Estados Unidos de América, el Nolan Norton Institute, la división de investigación de KPMG, patrocinó un estudio de un año de duración, sobre múltiples empresas referentes a: "La medición de los resultados en la empresa del futuro".

El estudio fue motivado por la creencia de que los enfoques existentes sobre la medición de la actuación, que dependían primordialmente de las valoraciones de la contabilidad financiera se estaban volviendo obsoletos. Los participantes en el estudio creían que la dependencia de unas concisas mediciones de la actuación financiera estaba obstaculizando la capacidad y la habilidad de las organizaciones, para crear un futuro valor económico.

David Norton, Director General de Nolan Norton, actuó como líder del estudio, y Robert Kaplan como asesor académico. Representantes de una docena de empresas fabricantes y de servicios, de la industria pesada y de alta tecnología, se reunieron a lo largo de 1990, para desarrollar un nuevo modelo de medición de la actuación.

En los inicios del proyecto se examinaron estudios recientes sobre casos de sistemas innovadores de medición de la actuación. Uno de ellos, Analog Devices, describía un enfoque para medir la tasa de progreso de actividades de mejora continua. El caso también mostró la forma en que Analog estaba utilizando un "Cuadro de mando corporativo", de nueva creación, que además de varios indicadores financieros tradicionales, contenía mediciones de actuación relacionadas con los plazos de entrega a los clientes, la calidad y los tiempos de los ciclos de los procesos de fabricación, y la eficacia de los avances de los nuevos productos.

Durante la primera mitad del estudio se presentó una gran variedad de ideas, incluyendo el valor del accionista, mediciones de productividad y calidad, y nuevos planes de compensación, pero los participantes se centraron en el Cuadro de Mando multidimensional, ya que parecía ser lo más prometedor para sus necesidades. Las discusiones del grupo condujeron a una expansión del Cuadro de Mando hasta llegar a lo que se denominó como un "Cuadro de Mando Integral", organizado en torno a cuatro perspectivas muy precisas: la financiera, la del cliente, la interna, y la de innovación y formación.

El nombre reflejaba el equilibrio entre objetivos a corto y largo plazo, entre medidas financieras y no financieras, entre indicadores previsionales e históricos, y entre perspectivas de actuación externas e internas. Las experiencias pusieron de manifiesto que los directores generales innovadores utilizaban el Cuadro de Mando Integral, no sólo para clarificar y comunicar la estrategia, sino también para gestionarla. En efecto, el cuadro de Mando Integral había evolucionado de un sistema de indicadores mejorado, para convertirse en un sistema de gestión central.

Los ejecutivos de muchas empresas, a nivel mundial, utilizan el Cuadro de Mando Integral como la estructura organizativa central de los procesos de gestión importantes: establecimiento individual y por equipos de los objetivos, compensación, formación y retroalimentación, distribución de recursos, presupuestos y planificación, así como estrategia.

3.2 Teoría del Cuadro de Mando Integral (CMI). En los últimos años, dentro del área administrativa y de dirección, emerge con fuerza el concepto del Balanced Scorecard o Cuadro de Mando Integral (CMI), elaborado por Kaplan y Norton, cuyo impacto empresarial en los Estados Unidos es muy importante.

En su origen el concepto de Balanced Scorecard (BCS), se constituía esencialmente en una herramienta de medición (1992), posteriormente evolucionó hacia una herramienta de Implantación estratégica integral (1996), en un Sistema de administración del desempeño que alinea y enfoca los esfuerzos y recursos de la organización, utilizando los indicadores de gestión para conducir las estrategias y para crear valor a largo plazo, que en la actualidad resulta útil en la llamada Gestión Estratégica Integral, en las organizaciones.

Se trata de un nuevo concepto gerencial, destinado a mejorar el rendimiento de las empresas, a través de la alineación de sus procesos. Es una metodología diseñada para implantar la estrategia de la empresa, ha sido utilizada por reconocidas corporaciones internacionales las cuales han obtenido excelentes resultados, y desde su divulgación en 1992 por sus dos autores Robert Kaplan y David Norton, ha sido incorporada a los procesos de gerencia estratégica de un 60% de las grandes corporaciones en los Estados Unidos, extendiéndose su uso a varias corporaciones europeas y asiáticas.

    a.   **Concepto del Cuadro de Mando Integral (CMI).** Es un sistema de Gestión Estratégica Integral, que sirve para reorientar el sistema gerencial, traduciendo la Estrategia y la Misión en un conjunto de Objetivos relacionados entre sí, medidos a través de indicadores y ligados a planes de acción que permiten alinear el comportamiento de todos los miembros de la organización.

La metodología sugiere la clasificación de sus objetivos en cuatro perspectivas de igual importancia, vinculando de manera interdependiente estos cuatro procesos o perspectivas: Financiera, Clientes, Procesos Internos y Aprendizaje Organizacional. Los resultados deben traducirse finalmente en logros financieros que conlleven a la maximización del valor creado por la corporación para sus accionistas.

El Balanced Scorecard parte de la visión y estrategias de la empresa. A partir de allí se definen los objetivos financieros requeridos para alcanzar la visión, y éstos a su vez serán el resultado de los mecanismos y estrategias que rijan nuestros resultados con los clientes. Los procesos internos se planifican para satisfacer los requerimientos financieros y los de los clientes. Finalmente, la metodología reconoce que el Aprendizaje y crecimiento Organizacional es la plataforma, donde reposa todo el sistema y donde se definen los objetivos planteados para esta perspectiva.

La ventaja primordial de la metodología es que no se circunscribe solamente a una perspectiva, sino que las considera todas simultáneamente, identificando las relaciones entre ellas. De esta forma es posible establecer una cadena Causa-Efecto que permita tomar las iniciativas necesarias a cada nivel. El enlace de las cuatro perspectivas, constituye lo que se llama la arquitectura del Balanced Scorecard.

    b.   **Perspectivas del Cuadro de Mando Integral (CMI)**

    i.   **Perspectiva Financiera.**

La perspectiva financiera tiene como objetivo el responder a las expectativas de los accionistas. Esta perspectiva está particularmente centrada en la creación de valor para el accionista, con altos índices de rendimiento y garantía de crecimiento y mantenimiento del negocio. Esto requerirá definir objetivos e indicadores que permitan responder a las expectativas del accionista en cuanto a los parámetros financieros de: Rentabilidad, crecimiento, y valor al accionista. Algunos indicadores típicos de esta perspectiva son:

- Valor económico agregado (EVA)
- Rendimiento de activos totales (ROA)
- Ingresos
- Rotación del activo
- Crecimiento de ventas netas

ii. **Perspectiva de Clientes**.

Objetivos: En esta perspectiva se responde a las expectativas de Clientes. Del logro de los objetivos que se plantean en esta perspectiva dependerá en gran medida la generación de ingresos, y por ende la "generación de valor" ya reflejada en la Perspectiva Financiera.

La satisfacción de clientes estará supeditada a la propuesta de valor que la organización o empresa les plantee. Esta propuesta de valor cubre básicamente, el espectro de expectativas compuesto por: Precio, Calidad, Tiempo, Funcionalidad, Imagen, Prestigio, Relación y Servicio. Los indicadores típicos de este segmento incluyen:

- Cuotas de mercado
- Fidelidad de clientes
- Entrada de nuevos clientes
- Satisfacción de clientes con el servicio
- Rentabilidad por cliente

Proposición de Valor: El valor de la proposición más importante es la que se dirige a los clientes, puesto que ellos son la principal fuente de financiamiento. Si no se vende los productos y servicios, no hay ingresos económicos, sin dinero no se puede proporcionar la satisfacción de ninguno de los requerimientos y necesidades de los empleados, inversionistas y bancos.

Para poder sobrevivir en el negocio, se debe estar dispuesto a diferenciarse y crear una clase única. En general hay tres clases de Proposiciones de Valores genéricas del Cliente o diferenciar las estrategias que puedan ser aprovechables:

- Liderazgo en el Producto
- Cercanía con el Cliente
- Excelencia Operacional

iii. **Perspectiva de Procesos Internos.**

En esta perspectiva, se identifican los objetivos e indicadores estratégicos asociados a los procesos clave de la organización, de cuyo éxito depende la satisfacción de las expectativas de clientes y accionistas. Usualmente, esta perspectiva se desarrolla luego que se han definido los objetivos e indicadores de las perspectivas Financiera y de Clientes. Esta secuencia logra la alineación e identificación de las actividades y procesos claves, y permite establecer los objetivos específicos, que garanticen la satisfacción de los accionistas, clientes y socios.

Es recomendable que, como punto de partida del despliegue de esta perspectiva, se desarrolle la cadena de valor o modelo del negocio asociado a la organización o empresa. Luego se establecerán los objetivos, indicadores, palancas de valor e iniciativas relacionadas.

Los objetivos, indicadores e iniciativas serán un reflejo firme de estrategias explícitas de excelencia en los procesos, que permitan asegurar la satisfacción de las expectativas de accionistas, clientes y socios. Cabe considerar que la revisión que se hace de la cadena de valor, debe plantear la posibilidad de rediseñar e innovar los procesos y actividades de los mismos, aprovechando las oportunidades latentes en cuanto a mejoramiento continuo o reingeniería de procesos se refiere, para cumplir las expectativas del cliente, mejorar costos y eficiencia de los procesos y hacer un uso adecuado de los activos.

Esta actitud de análisis de procesos, debe ser reforzada y comunicada en los objetivos e indicadores que se planteen, los cuales deben enfatizar las actitudes de permanente renovación y mejoramiento de los procesos. Los indicadores de esta perspectiva, lejos de ser genéricos, deben manifestar la naturaleza misma de los procesos propios de la empresa u organización. Sin embargo, para efectos de referencia presentamos algunos indicadores de carácter genérico asociados a procesos:

- Productividad
- Calidad
- Colas y tiempo de espera
- Sobrecostos

iv. **Perspectiva de Aprendizaje y Crecimiento Organizacional**

La cuarta perspectiva se refiere a los objetivos e indicadores que sirven como plataforma o motor del desempeño futuro de la empresa, y reflejan su capacidad para adaptarse a nuevas realidades, cambiar y mejorar. Estas capacidades están fundamentadas en las competencias medulares del negocio, que incluyen las competencias de su gente, el uso de la tecnología como impulsor de valor, la disponibilidad de información estratégica que asegure la oportuna toma de decisiones y la creación de un clima cultural propio para afianzar las acciones transformadoras del negocio.

A menudo, como resultado de la focalización en objetivos financieros de corto plazo, los gerentes toman decisiones que desmejoran la preparación de las capacidades futuras de su gente, de sus sistemas, tecnologías y procesos organizacionales.

Una actitud sostenida en ese sentido puede acarrear graves consecuencias en el sostenimiento futuro del negocio, sirviendo de barrera más que de apoyo a los logros de excelencia en procesos, satisfacción de clientes y socios, relaciones con el entorno y finalmente, bloqueando las oportunidades de creciente creación de valor dentro de la corporación. La tendencia actual es la consideración de estos elementos como activos importantes en el desempeño del negocio, que merecen atención relevante.

La consideración de esta perspectiva dentro del Balanced Scorecard, refuerza la importancia de invertir para crear valor futuro, y no solamente en las áreas tradicionales de desarrollo de nuevas instalaciones o nuevos equipos, que sin duda son importantes, pero que hoy en día, por sí solas, no dan respuesta a las nuevas realidades de los negocios. Algunos indicadores típicos de esta perspectiva incluyen:

- Ingresos por nuevos servicios o productos/ ingresos totales
- Nro. de procesos revisados
- Total de gastos de formación
- Sugerencias puestas en marcha/ Total sugerencias
- En síntesis, las tres categorías principales de variables en esta perspectiva son:
- Las capacidades de los empleados
- Las capacidades de los sistemas de información
- Motivación, delegación de poder y coherencia de objetivos

c. **Metodología del Cuadro de Mando Integral (CMI)**

   i. Enfoque Estratégico.
   ii. Despliegue al BSC y definición de indicadores, metas e iniciativas.
   iii. Definición y mapeo de procesos previo al despliegue y sincronización.
   iv. Capacitación al equipo gerencial, en la toma de decisiones basada en indicadores de gestión.
   v. Definición, mapeo y mejoramiento de los principales procesos del negocio.

d. **Objetivos, medidas, metas, e iniciativas.**

Para cada perspectiva del Balanced Scorecard se supervisan cuatro cosas (medidas):

   i. Objetivos: objetivos importantes que se lograrán; por ejemplo, crecimiento rentable.
   ii. Medidas: los parámetros observables que serán utilizados para medir el progreso hacia el alcance del objetivo. Por ejemplo, el objetivo de crecimiento de la rentabilidad se puede medir por el incremento del margen neto.
   iii. Metas: los valores específicos de los objetivos a medir, por ejemplo, reducción anual del 7% en interrupciones de la producción.
   iv. Iniciativas: proyectos o programas que se iniciarán para alcanzar el objetivo.

e. **Beneficios o Ventajas del Cuadro de Mando Integral (CMI).**

Kaplan y Norton citan las ventajas siguientes del uso del Cuadro de Mando Integral:

   i. Centra la organización entera en las pocas variables dominantes necesarias para superar brechas en el desempeño.
   ii. Ayuda a integrar varios programas de la empresa. Por ejemplo: calidad, reingeniería, e iniciativas de servicio al cliente.
   iii. Analizando medidas estratégicas hacia niveles inferiores, de modo que las gerentes, los operadores, y los empleados de la unidad puedan ver qué se requiere en su nivel para lograr desempeño total excelente.

iv. Contribuye a maximizar la rentabilidad y a la creación de valor en el tiempo.

v. El Balanced Scorecard le ayuda a alinear los indicadores estratégicos a todos los niveles de la organización.

vi. El Balanced Scorecard ofrece a la gestión una imagen gráfica y clara de las operaciones del negocio.

vii. La metodología facilita la comunicación y entendimiento de los objetivos de la compañía en todos los niveles de la organización.

viii. El mismo concepto del balanced scorecard permite ir aprendiendo de la estrategia, en un proceso continuo de generación y modificación de estrategias.

ix. El Balanced Scorecard le ayuda a reducir la cantidad de información que puede obtener de los sistemas de información, ya que, de ellos, el BSC extrae lo esencial.

x. Mide el grado de contribución personal, con los resultados de la empresa.

xi. Convierte la estrategia en acción.

xii. Logra que la estrategia sea el objetivo de todos y de todos los días.

xiii. Genera indicadores de control efectivo.

xiv. Permite tomar decisiones oportunas.

xv. Aumenta la satisfacción de sus clientes.

3.3 **Elementos del Balanced Scorecard.** Los elementos que conforman el Balanced Scorecard son: el foco estratégico, mapa estratégico, perspectivas, indicadores, metas, iniciativas y responsables de objetivos o iniciativas.

a. **Foco Estratégico o propuesta de valor al cliente.** Selección de aquellos objetivos estratégicos de primer nivel que son prioritarios y que diferenciarán a la organización ante los clientes. Los focos estratégicos son:

i. Liderazgo en Costos: Proporcionar productos y servicios a un precio competitivo para la calidad y funcionalidad que ofrecen.

ii. Liderazgo en Producto o Servicios: Se centra en la excelencia de sus productos y servicios, que ofrecen la máxima calidad y funcionalidad.

iii. Intimidad con el Cliente: Capacidad de generar vínculos con los clientes para conocerlos y proporcionarles productos y servicios adecuados a sus medidas.

b. **Mapa Estratégico.** Llamamos mapa estratégico al conjunto de objetivos estratégicos que se conectan a través de relaciones causales. El mapa estratégico ayuda a valorar la importancia de cada objetivo estratégico, ya que los presenta agrupados en perspectivas.

c. **Las perspectivas.** Son aquellas dimensiones críticas clave en la organización. En la teoría del BSC, en el punto 3.2. b se detallan estos elementos. A continuación, se indican las cuatro perspectivas.

i. Perspectiva Financiera
ii. Perspectiva del Cliente
iii. Perspectiva Interna
iv. Perspectiva de Aprendizaje y Crecimiento

d. **Indicadores y Metas.** Los indicadores o medidas, son el medio que tenemos para visualizar si estamos cumpliendo o no los objetivos estratégicos. Un objetivo estratégico como por ejemplo el desarrollo de capacidades comerciales del personal clave, puede medirse a través de indicadores.

No existen indicadores perfectos, y por eso, para la medición de algunos objetivos estratégicos, se puede utilizar más de uno. Por ejemplo, el desarrollo de esas capacidades comerciales se puede medir a través de indicadores como:

i. El número de horas de formación por persona
ii. El índice de satisfacción de los empleados con la formación percibida
iii. El incremento medio de los contratos
iv. Ingresos por empleado

Se puede establecer dos tipos de indicadores:

i. Indicadores de Resultado: Los indicadores de resultado denotan la conclusión de varias acciones tomadas y medidas, la información que dan es definitiva. Mide el éxito en el logro de los objetivos del BSC sobre un período específico de tiempo. Se usan para reportar el desempeño de la organización en la implantación de su estrategia. Para cada indicador como es habitual se debe fijar metas, como regla general debieran ser metas ambiciosas pero posibles de ser logradas.

ii. Indicadores de Causa, Operativos o de actuación: Los indicadores de causa u operativos indican a futuro cual puede ser el resultado de un grupo de acciones u operaciones definidas en un indicador de resultado, también se le denomina indicadores inductores de actuación. Provee indicación temprana del progreso hacia el logro de los objetivos; su propósito es generar los comportamientos adecuados para el logro de la estrategia.

Usualmente miden lo que debe "hacerse bien" para alcanzar los objetivos. Miden las palancas de valor, los elementos "impulsores" del desempeño. Su propósito es canalizar y direccionar esfuerzos.

e. **Iniciativas Estratégicas.** Las iniciativas estratégicas son las acciones en las que la organización se va a centrar para la consecución de los objetivos estratégicos. Es importante priorizar las iniciativas en función de los objetivos estratégicos. Si analizamos el impacto de las iniciativas en marcha, en cada uno de los objetivos estratégicos, podremos visualizar: iniciativas que aportan pocos valores al cumplimiento de esos objetivos y objetivos sin soporte en las iniciativas. Las iniciativas pueden tener sus propios indicadores para el seguimiento e incluso un Balanced Scorecard propio.

f). Responsables y Recursos. Cada objetivo, indicador e iniciativa debe tener su responsable. Una persona a cargo que controla su cumplimiento. Otro aspecto clave para una implantación con éxito del Balanced Scorecard es asignar los recursos necesarios para el buen desarrollo de las iniciativas estratégicas.

Por ello es necesario establecer los equipos a cargo de cada iniciativa; así como, el papel que diferentes personas van a jugar en ellos. Y también dotar a las iniciativas de los recursos necesarios para su cumplimiento. Se recomienda que el presupuesto contenga una partida de recursos asignados a las iniciativas, estos recursos deben estar diferenciados del presupuesto operativo, del presupuesto de inversiones y otros presupuestos.

3.4 Cinco Principios Fundamentales en los que se basa la metodología del Balanced Scorecard

a. **Instaurar el cambio a través del liderazgo ejecutivo**

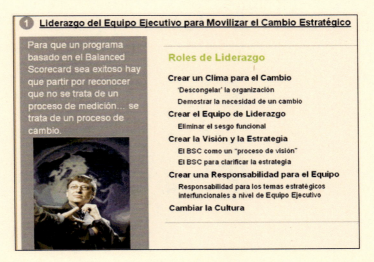

Figura 1. Instaurar el cambio a través del liderazgo ejecutivo
Fonte: Vega Becerra, I. (2009). Balanced Scorecard

b. **Llevar la estrategia hacia la aplicación operativa.**

Figura 2. Llevar la estrategia hacia la aplicación operativa
Fonte: Vega Becerra, I. (2009). Balanced Scorecard

c. **Alinear a toda la organización hacia la estrategia**

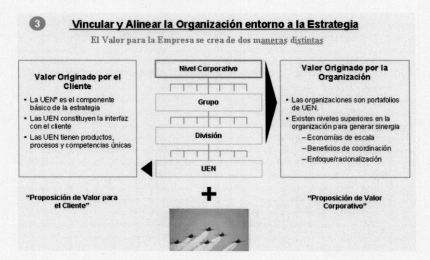

Figura 3. Alinear a toda la organización hacia la estrategia
Fonte: Vega Becerra, I. (2009). Balanced Scorecard

d. **Lograr que la estrategia sea el objetivo de todos y de todos los días.**

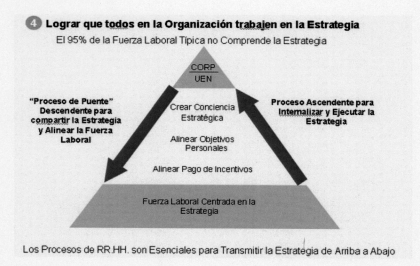

Figura 4. Lograr que la estrategia sea el objetivo de todos y de todos los días
Fonte: Vega Becerra, I. (2009). Balanced Scorecard

e. **Hacer de la estrategia un proceso continuo.**

Figura 5. Hacer de la estrategia un proceso continuo
Fonte: Vega Becerra, I. (2009). Balanced Scorecard

3.5 Las tres herramientas del Cuadro de Mando Integral (CMI)

El Dr. Guillermo Bocangel Weydert, en su Curso Taller sobre el Balanced Scorecard (2011) considera al Mapa Estratégico, Matriz del Tablero de Control y Software como las tres herramientas básicas del BSC.

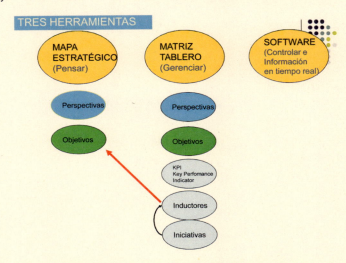

Figura 6. Tres herramientas del Cuadro de Mando Integral (CMI)
Fonte: Bocangel Weydert, G. (2011). Curso Taller Balanced Scorecard

Figura 7. Tres herramientas del BSC
Fonte: Bocangel Weydert, G. (2011). Curso Taller Balanced Scorecard

3.6 Implementación del Balanced Scorecard "BSC" o el proceso de creación de un Cuadro de Mando Integral (CMI).

Se va a proporcionar una visión general sobre la forma en la que se puede desarrollar el Balanced Scorecard. Una de las razones por las que el concepto de Cuadro de Mando Integral ha tenido tanto éxito, es que tanto el proceso como el cuadro en sí se adaptan a la situación real de la empresa, contemplando su posición en el mercado y su organización interna.

Los cuadros de mando se pueden usar para difundir en la empresa un sentimiento de persistencia, necesario para la creación de unas competencias exclusivas que puedan lograr el reconocimiento y la recompensa del mercado. Por supuesto que se trata de una cuestión relacionada con la estrategia y las operaciones, pero lo ideal es usar los cuadros de mando en diferentes partes del negocio para desarrollar una lógica convincente, que se pueda comunicar fácilmente, y que lleve a cultivar realmente dichas competencias.

De este modo, el cuadro de mando se utiliza para el control estratégico y también para el operativo. Pero los cuadros de mando también se pueden usar cuando no se considere ningún cambio de estrategia. Algunos estudios de casos muestran la consecuencia del proceso: la empresa puede ir más directamente a la formulación de aquellos cuadros de mando que se centran en las características del negocio que resultan críticas para su estrategia.

El cuadro de mando integral nos proporciona una valiosa herramienta para que los empleados puedan comprender la situación de la empresa, algo indispensable si ésta quiere alcanzar el dinamismo que necesita para ser competitiva a largo plazo. El Cuadro de Mando Integral también nos aporta una información útil para desarrollar continuamente aquellos indicadores de control que más rápidamente le permitirán a la empresa alcanzar sus metas.

El resultado será que las operaciones diarias tendrán como base, una visión compartida de la dirección que debe tomar la empresa a largo plazo, lo que significa que dicho curso de acción será una realidad tangible y comprensible para todos. Además, con el cuadro de mando separado por área de actividad, el control de las operaciones se verá localmente como más relevante que con los modelos anteriores. Los empleados serán más comprensivos y estarán más motivados, o sea, abiertos al cambio y tendrán la fuerza para implementar las decisiones de la empresa. La organización mejora su aprendizaje porque es más perceptiva y desarrolla su competencia de forma continua. Para mantener el interés en el cuadro de mando hace falta seguirlo continuamente, para que cumpla con la función encomendada de herramienta dinámica de gestión.

También es importante que el cuadro de mando se use a través de toda la organización, en los aspectos diarios de la gestión. Si de este modo proporciona las bases para la agenda diaria de cada unidad, tendrá una función natural en los informes y el control, mediante su impacto en las operaciones de cada día.

El plan de implementación, por lo tanto, debe incluir reglas y sugerir formas que aseguren que el seguimiento del Cuadro de Mando Integral forme partes del trabajo diario de la empresa. Finalmente, los indicadores seleccionados deben poderse cuestionar continuamente, especialmente los de control a corto plazo, y en los casos apropiados, deben reemplazarse por otros más actuales.

Lo anterior es por supuesto tan fundamental, que no se puede considerar como un simple paso de la fase introductoria. Lo destacamos aquí porque sólo cuando el cuadro de mando ha pasado a ser una parte dinámica y funcional de la actividad diaria de la empresa, se puede decir que su introducción ya es completa.

CAPÍTULO IV

NUEVO MODELO DE GESTIÓN ESTRATÉGICA APLICANDO EL BALANCED SCORECARD

Se hace la propuesta del diseño y la elaboración de la metodología para la mejora del desempeño de cualquier empresa, utilizando las herramientas del Plan Estratégico de la empresa a trabajar y del Cuadro de Mando Integral. Se obtiene así una estructura concreta, el Mapa Estratégico, con un conjunto de objetivos e indicadores que resumen y concentran la estrategia de la empresa, y que, a través de su cumplimiento, permiten la mejora de la eficiencia y de la competitividad de la empresa, de forma orientada a su estrategia. Después se procede a la aplicación y desarrollo de la metodología expuesta, en base a los indicadores, medir el cumplimiento de los objetivos y, por tanto, hacer un seguimiento de la estrategia durante el año, así como poner en práctica un proceso de aprendizaje y retroalimentación, que lleva a la mejora continua del desempeño de esta empresa y, por lo tanto, al incremento de su rentabilidad.

4.1 Diseño de la Estructura del Plan Estratégico y del Cuadro de Mando Integral de la empresa.

Este diseño se hace en dos etapas:

La primera lleva el contenido y alcance del Plan Estratégico y del Cuadro de Mando Integral de la empresa y concluye con la elaboración de su Mapa Estratégico, o representación sintética de la estrategia empresarial.

La segunda etapa consiste en la elaboración e integración del Cuadro de Mando Integral en el funcionamiento empresarial, de tal forma que sea posible la traducción de la estrategia establecida en el correspondiente Plan Estratégico cotidiano de la empresa.

a. **Contenido y alcance del Plan Estratégico y del Cuadro de Mando Integral de la empresa.**

Se comienza con la definición y el contenido de los elementos característicos que incluye el Plan Estratégico, en particular la Visión, Misión, las

Líneas Estratégicas, Perspectivas Estratégicas y los Objetivos e Indicadores Estratégicos, para llegar al Mapa Estratégico de la empresa.

i. **La Visión, Misión y las Líneas Estratégicas:** En caso que la empresa carezca de una Visión y Misión formal, se formula la Visión y Misión de la empresa, recogiendo los diferentes aspectos que incorporen las funciones económicas de forma suficiente y concisa, y se complementa con la idea de que, el desarrollo y las actividades de la empresa sean realizados con el máximo respeto por el medio ambiente, es decir, dentro de un modelo de desarrollo sostenible. Después de formulado la visión y misión de la empresa, se plantea y desarrolla el contenido y alcance de las Líneas Estratégicas de la organización, que constituyen los ejes básicos que inspiran la actuación de toda la entidad, para conseguir su misión. Las líneas estratégicas son independientes entre sí y a la vez complementarias, por ejemplo:

- Eficiencia y Excelencia Operacional
- Diferenciación a través de Excelente Atención y Servicio
- Crecimiento Local

i. **Las Perspectivas Estratégicas**: El Cuadro de Mando Integral se despliega en cuatro perspectivas y cada una de ellas se aplica a la organización.

ii. **Los Objetivos e Indicadores Estratégicos**: Para cada una de las perspectivas y de acuerdo con las líneas estratégicas marcadas, se define una serie de objetivos estratégicos. Se trata de determinar, qué objetivos estratégicos se debe plantear para conseguir las líneas estratégicas y la misión formulada. Cada objetivo estratégico tiene asignado una serie de indicadores. Para cada indicador se asigna una meta, que es necesario alcanzar en un plazo determinado.

iii. **El Mapa Estratégico de la empresa**: El mapa estratégico es una representación gráfica que permitió visualizar de manera conjunta las líneas estratégicas, las perspectivas, los objetivos estratégicos y sus relaciones causa-efecto. El conjunto de objetivos estratégicos ordenados según un sistema de columnas – Líneas Estratégicas y de filas – Perspectivas, da lugar al Mapa Estratégico de la empresa.

Se expresan así de forma ordenada todos los Objetivos Estratégicos de la empresa, vinculados entre sí mediante las relaciones causa-efecto, que se materializan mediante las flechas, cuando se elabora la figura respectiva del mapa estratégico, y orientados al cumplimiento de sus Líneas Estratégicas y Misión. El mapa estratégico, se convierte en la representación sintética de la estrategia empresarial.

b. **Elaboración e integración del Cuadro de Mando Integral en el funcionamiento de la empresa**.

En el punto 3.2 se trata sobre la teoría del Cuadro de Mando Integral (CMI), que es más que un sistema de medición táctico u operativo. En la parte 4.1 se establece cómo se diseña un Cuadro de Mando Integral de la empresa, para después poder integrarlo de forma efectiva en la gestión ordinaria de dicha organización. Se utiliza como un sistema de gestión estratégica, para gestionar la estrategia a largo plazo, a través de los siguientes procesos:

i. Clarificación y traducción de la visión, misión y la estrategia en objetivos concretos vinculados con la operación del día a día.
ii. Comunicación y vinculación de los objetivos y los indicadores estratégicos con las personas de la empresa.
iii. Definición de prioridades para los proyectos que la empresa debe realizar y asegurar que las áreas dispongan de los recursos necesarios para cumplir sus objetivos.
iv. Seguimiento, retroalimentación y aprendizaje estratégicos.
v. Para desarrollar los procesos anteriores, es preciso proceder a la vertebración y estructuración de la empresa y para ello se tiene que lograr tres aspectos fundamentales:

- Existencia de la implicación del equipo directivo en los procesos del C.M.I y de una cultura de funcionamiento alrededor de una idea común, el establecimiento de la misión empresarial.
- Estructuración con órganos representativos permanentes, alrededor de los cuales se crean otros que fueron necesarios para acometer proyectos o iniciativas puntuales.
- La empresa así estructurada debe estar abierta a integrar a todos los actores que tuvieron que ver con la actividad de la empresa.

En la estructuración se considera los mecanismos para la coordinación y toma de decisiones de la empresa; existe:

- Comité Ejecutivo y de Coordinación, para la toma de decisiones del más alto nivel y para la coordinación del trabajo entre los demás grupos y todos los integrantes.
- Oficina CMI, para el seguimiento de la evolución de los objetivos estratégicos, asegurar la implantación del CMI con la herramienta informática, los ajustes en el contenido del modelo CMI, la comunicación de resultados y la recepción y canalización de sugerencias y comentarios.
- Equipos de Objetivos Estratégicos o Grupos de Trabajo, para lograr los resultados esperados en los objetivos estratégicos que tienen asignados.

Para conseguir esa integración efectiva del Cuadro de Mando Integral, es preciso que éste forme parte del proceso de gestión de la empresa, mediante:

- Su utilización como guía central en el seguimiento del negocio y toma de decisiones.
- Como instrumento utilizado para la comunicación periódica a toda la empresa de los resultados conseguidos.
- Que favorezca el diálogo estratégico entre los integrantes de la organización y potencie el trabajo en equipo para la consecución de sus objetivos finales.
- Como elemento clave en la asignación de recursos y priorización de iniciativas a emprender.

Y también, para integrar el Cuadro de Mando Integral en la gestión de la empresa, se debe actuar principalmente en los siguientes aspectos:

- Adaptar determinadas funciones de los mecanismos de coordinación y decisión de la empresa, lo que obliga a crear nuevos equipos de trabajo.
- Crear una oficina del proyecto Cuadro de Mando Integral, oficina CMI, que se encarga de gestionarlo, esto es gestionar la carga de datos, incorporación de cambios, etc.
- Lanzar el proceso de alimentación periódica de datos manuales en la herramienta informática creado.

- Incorporar datos del Cuadro de Mando Integral en informes de actualidad de gestión ordinaria de la empresa comercial, de calidad, inversiones, etc.
- Informar con cierta periodicidad a las personas de la empresa, de los principales resultados que se consiguieron con los objetivos estratégicos.
- Dar viabilidad al Cuadro de Mando Integral con otros instrumentos o mecanismos de gestión.

4.2 Aplicación de la Metodología desarrollada, en la empresa.

Para cumplir con los objetivos y verificar las hipótesis planteadas en la obra, se hace necesaria la implementación de la metodología de gestión estratégica propuesta, que facilita la formación de la estrategia de la empresa, su gestión y aplicación práctica diaria, su medición y comunicación, que permite a dicha organización el aprendizaje y corrección de sus deficiencias, en un proceso de mejora continua, utilizando para ello dos herramientas fundamentales: el Plan Estratégico y el Cuadro de Mando Integral.

Se obtiene el Mapa Estratégico, constituido por una serie de objetivos que refleja de forma simplificada, a la vez genérica, la estrategia de la empresa; a estos objetivos estratégicos les acompañan los indicadores que permiten medir el cumplimiento de los objetivos y por lo tanto hacer un seguimiento de la estrategia en el tiempo, así como establecer comparaciones y a partir de allí, poner en práctica un proceso de aprendizaje y retroalimentación que lleve a la mejora continua de la eficiencia y competitividad de la empresa. Para poder integrarlo de forma efectiva en la gestión ordinaria de dicha organización, tiene que seguirse el proceso descrito en el punto 4.1.b referente a la elaboración e integración del Cuadro de Mando Integral en el funcionamiento de la empresa.

4.3 Indicadores del Modelo de Gestión Estratégica según las Perspectivas

Se presentan algunos indicadores que se emplean en la empresa:

a.   **Perspectiva Financiera: Indicadores**

- **Valor económico agregado (EVA):**

Es la medida del desempeño, basada en el valor que surge al comparar la rentabilidad obtenida por la empresa, con el costo de los recursos gestionados para producirlo. Se expresa:

EVA = Valor contable del activo X Rentabilidaddel activo – Costo promedio de capital

- **Rendimiento de activos totales (ROA):**

Mide la capacidad de la empresa de utilizar todos sus activos para generar utilidades (indicador clásico de rentabilidad). Se expresa:

$$ROA = \frac{\text{Utilidad antes de participación e impuestos}}{\text{Activo Total}}$$

- **Ingresos:**

Todo monto que la empresa obtenga por concepto de ventas de mercaderías o prestación de servicios durante un periodo determinado.

- **Rotación del activo:**

Indica el número de veces que las ventas netas cubren el activo total. Se expresa:

$$\text{Rotación del activo} = \frac{\text{Ventas}}{\text{Activo Total}}$$

- **Crecimiento de ventas netas:**

Es el aumento de las ventas netas tanto en volumen como en valor durante el periodo de un año. Se expresa.

$$\text{Crecimiento de ventas netas} = \frac{\text{Ventas netas año 2}}{\text{Ventas netas año 1}} - 1$$

b. **Perspectiva de Clientes: Indicadores**

- **Cuota de Mercado:**

Porcentaje de los negocios que recibe de los clientes pertenecientes a un segmento dado. Cuota de compras de los clientes de un segmento, en proporción a las compras totales del negocio. Se expresa:

$$\text{Cuota de Mercado} = \frac{\text{Ventas netas}}{\text{Ventas totales del sector}}$$

- **Retención de clientes:**

Es el número de clientes que reinciden en comprar los productos de la empresa en un periodo establecido. Para ello se dividirá a los clientes en dos grupos:

- Mayoristas: Son como distribuidores quienes generalmente llevan los productos a otros sub distribuidores llegando a través de estos a los clientes finales y que por lo general compran gran cantidad productos. Para los clientes en mención el porcentaje de clientes retenidos se obtendrá dividiendo la cantidad de clientes que compran como mínimo una vez cada mes entre el total de clientes considerados como mayoristas que realizan la compra durante este periodo.
- Clientes finales: Para obtener el porcentaje de estos clientes retenidos se dividirá la cantidad de clientes que compran como mínimo una vez cada bimestre entre el total de clientes finales que realizan la compra durante este periodo. Los clientes finales por lo general compran los productos en cantidades pequeñas.

Se expresa:

$$\text{Retenc. de clientes} = \frac{\text{Total clientes clave} - \text{clientes nuevos}}{\text{Total de clientes}}$$

- **Porcentaje de clientes nuevos captados:**

Este porcentaje será representado por la cantidad de clientes nuevos dividido entre el total de clientes existentes durante un periodo establecido. Se expresa:

$$\% \text{ de clientes nuevos captados} = \frac{\text{Clientes nuevos}}{\text{Total de clientes}}$$

- **Porcentaje de clientes conformes con los productos y servicios:**

Representa un porcentaje de usuarios que se encuentran a gusto con los productos y servicios ofrecidos en un periodo determinado. Para obtener el número de estos clientes se realizarán encuestas a los mismos y con la tabulación de los datos se tendrá esta información. El porcentaje será resultado de dividir la cantidad de clientes conformes con los productos entre el total de clientes. Para realizar la medición del grado de satisfacción del cliente, pueden emplearse tres técnicas: encuestas por correo, entrevistas telefónicas y entrevistas personales. Se expresa:

$$\% \text{ clientes conformes con productos} = \frac{\text{Clientes conformes}}{\text{Total de clientes}}$$

- **La rentabilidad media del cliente:**

Los cuatro indicadores anteriores no garantizan que una empresa tenga clientes rentables. Los sistemas de Costeo basado en actividades (ABC) permiten medir la rentabilidad individual y agregada del cliente. Se expresa:

$$\text{Rentabilidad media del cliente} = \frac{\text{UAII}}{\text{Ingresos brutos}}$$

c. **Perspectiva de Procesos Internos: Indicadores**

- **Productividad por horas:**

Está dado por la relación entre el volumen de servicios prestados y las horas de trabajo. Se expresa:

$$\text{Productividad por horas} = \frac{\text{Volumen de servicios}}{\text{Horas de trabajo}}$$

- **No conformidades en procesos:**

Se mide por la relación establecida entre el número de servicios realizados fuera de especificaciones y el número total de servicios. Se expresa:

$$\text{No conformidades en procesos} = \frac{\text{N° de servicios realizados fuera de especificaciones}}{\text{N° total de servicios}}$$

- **Colas y tiempo de espera:**

Está dado por la relación entre el número de esperas para ser atendido y el promedio de tiempo esperado hasta ser atendido, sobre el número total de servicios. Se expresan:

$$\text{Colas} = \frac{\text{Número de esperas para ser atendido}}{\text{Número total de servicios}}$$

$$\text{Tiempo de espera} = \frac{\text{Promedio de minutos esperado}}{\text{Número total de servicios}}$$

- **Ratio de costos:**

Se mide por la relación establecida entre el costo de ventas y servicios, sobre el número total de servicios. Se expresa:

$$\text{Ratio de costos} = \frac{\text{Costo de ventas y servicios}}{\text{Número total de servicios}}$$

d.   **Perspectiva de Aprendizaje y Crecimiento Organizacional: Indicadores**

- **Ingresos por innovación:**

Está dado por la relación entre el monto de los Ingresos por nuevos servicios o productos sobre los ingresos totales. Se expresa:

$$\text{Ingresos por innovación} = \frac{\text{Ingres. por nuevos serv. o produc.}}{\text{Ingresos totales}}$$

- **Revisión de procesos:**

Se mide por la relación establecida entre el número de procesos revisados y el número total de procesos. Se expresa:

$$\text{Revisión de procesos} = \frac{\text{Nro. de procesos revisados}}{\text{Número total de procesos}} =$$

- **Grado de capacitación:**

Está dado por la relación entre el número de personal capacitado sobre el total de personal. Se expresa:

$$\text{Grado de capacitación} = \frac{N° \text{ de personal capacitado}}{\text{Total de personal}}$$

- Índice de sugerencias:

Está dado por la relación entre la cantidad de sugerencias sobre el total de personal. Se expresa:

$$\text{Índice de sugerencias} = \frac{\text{Cantidad de sugerencias}}{\text{Total de personal}}$$

CAPÍTULO V

MEJORA DEL DESEMPEÑO EMPRESARIAL

5.1 Definición, Función y Finalidades de la Empresa

a.   **Definición de Empresa;**

Una empresa es una organización o institución dedicada a actividades o persecución de fines económicos o comerciales. En la práctica, se puede encontrar una variedad de definiciones del término. Eso parece deberse, por lo menos en parte, a que a pesar de su aparente simplicidad, el concepto es complejo. Así, se puede considerar que esas diferencias enfatizan diversos aspectos. A continuación se ofrecen algunas:

i. Una definición de uso común en círculos comerciales es: "Una empresa es un sistema que interacciona con su entorno materializando una idea, de forma planificada, dando satisfacción a demandas y deseos de clientes, a través de una actividad económica".

ii. La Comisión de la Unión Europea sugiere: "Se considerará empresa toda entidad, independientemente de su forma jurídica, que ejerza una actividad económica en particular, se considerarán empresas las entidades que ejerzan una actividad artesanal u otras actividades a título individual o familiar, las sociedades de personas y las asociaciones que ejerzan una actividad económica de forma regular."

iii. De acuerdo al Derecho internacional, la empresa es el conjunto de capital, administración y trabajo dedicados a satisfacer una necesidad en el mercado.

b).   **Función y Finalidades de la Empresa:**

i.   **Función social de las empresas:**

Adam Smith se encuentra entre los primeros en teorizar al respecto. Para él una empresa es la organización que permite la "internacionalización" de las formas de producción: por un lado, permite que los factores de producción (capital, trabajo, recursos) se encuentren y por el otro permite la división del trabajo. Aun cuando para Smith la forma "natural" y eficiente de tal organización era aquella motivada por el interés privado; él propone que hay también una necesidad o área que demanda acción pública, estableciendo así las bases de lo que algunos han llamado la "Teoría de la Empresas públicas".

El razonamiento de Smith es que hay ciertos bienes y servicios cuya existencia o provisión implica beneficios que se extienden a la comunidad entera, incluso a quienes no pagan por ellos. Esto da origen -en la percepción de Smith- al problema del polizón, es decir, al problema de que los individuos de esa sociedad están en la posición de beneficiarse, contribuyan o no a los costos. Consecuentemente Smith propone que la manera apropiada y justa de proveer y financiar esos bienes y servicios es a través de impuestos y empresas públicas.

Posteriormente, Paul Samuelson retoma esa percepción de Smith para sugerir que la maximizacion del beneficio o utilidad social se puede lograr satisfaciendo la famosa Condición de Samuelson, lo que ha llevado a algunos a sugerir una economía mixta. En las palabras de Joseph E. Stiglitz: El verdadero debate hoy en día gira en torno a encontrar el balance correcto entre el mercado y el gobierno. Ambos son necesarios. Cada uno puede complementar al otro. Este balance será diferente dependiendo de la época y el lugar.

Para Wilhelm Röpke, el objetivo principal de las empresas es producir valor en su sentido moral: "Es evidente que la satisfacción -de las necesidades del hombre- no puede resultar ajena o indiferente al éxito o fracaso de la productividad técnica. Sin embargo, hacer de la «producción de cosas» el fin último de la economía desmerece de la condición humana de lo económico. Para Röpke, el problema de fondo ha sido el encumbramiento de una concepción materialista o utilitaria de la vida, a lo que no fue ajeno el viejo liberalismo." Para Röpke el desarrollo de las empresas (y el desarrollo que las empresas producen) depende de un telón de fondo valórico y el Estado debe producir un marco legal que lo promueva, interviniendo si es necesario a fin de preservar esos valores.

La posición de Röpke tuvo mucha influencia en la concretización de la llamada economía social de mercado, posición que se benefició mayormente de la implementación de las posiciones de von Mises y von Hayek en EUA, país en el cual esas ideas contribuyeron mayormente a la adopción de políticas de desregulación que condujeron directamente al proceso de expansión económica de la segunda mitad del siglo XX conocido como globalización. Sin embargo, se ha alegado que esa misma desregulación condujo también a un sistema de corrupción empresarial, que terminó con casos tales como los de Enron, Bernard Madoff, etc, que a su vez llevaron a la crisis financiera de 2008.

ii. **Finalidades económicas y sociales de las empresas:**

- Finalidad económica externa, que es la producción de bienes o servicios para satisfacer necesidades de la sociedad.
- Finalidad económica interna, que es la obtención de un valor agregado para remunerar a los integrantes de la empresa. A unos en forma de utilidades o dividendos y a otros en forma de sueldos, salarios y prestaciones. Esta finalidad incluye la de abrir oportunidades de inversión para inversionistas y de empleo para trabajadores. Ambas son fundamentales, están estrechamente vinculadas y se debe tratar de alcanzarlas simultáneamente. La empresa está para servir a los hombres de afuera (la sociedad) y a los hombres de adentro (sus integrantes).
- Finalidad social externa, que es contribuir al pleno desarrollo de la sociedad, tratando que en su desempeño económico no solamente no se vulneren los valores sociales, ambientales y personales fundamentales, sino que en lo posible se promuevan.
- Finalidad social interna, que es contribuir, en el seno de la empresa, al pleno desarrollo de sus integrantes, tratando de no vulnerar valores humanos fundamentales, sino también promoviéndolos.

La empresa, además de ser una célula económica, es una célula social. Está formada por personas y para personas. Está insertada en la sociedad a la que sirve y no puede permanecer ajena a ella. La sociedad le proporciona la paz y el orden garantizados por la ley y el poder público; la fuerza de trabajo y el mercado de consumidores; la educación de sus obreros, técnicos y directivos; los medios de comunicación y la llamada infraestructura económica. La empresa recibe mucho de la sociedad y existe entre ambas una interdependencia inevitable. Por eso no puede decirse que las finalidades económicas de la empresa estén por encima de sus finalidades sociales. Ambas están también indisolublemente ligadas entre sí y se debe tratar de alcanzar unas, sin detrimento o aplazamiento de las otras.

Esto es lo que conocemos como responsabilidad social empresarial, el rol que la empresa tiene para con la sociedad que va más allá de la mera producción y comercialización de bienes y servicios, sino que también implica el asumir compromisos con los grupos de interés para solucionar problemas de la sociedad. La responsabilidad social empresarial puede generar los siguientes beneficios concretos y tangibles para la empresa:

i. **Un incremento de la productividad**: ya que el trabajador está a gusto en la empresa y se le capacita para que haga su labor, cada vez mejor.

ii. **Mejoramiento de las relaciones**: con los trabajadores, el gobierno y con las comunidades a nivel regional y nacional.

iii. **Un mejor manejo en situaciones de riesgo o de crisis**: ya que se cuenta con el apoyo social necesario.

iv. **Sustentabilidad en el tiempo**: para la empresa y para la sociedad, dado que la responsabilidad social fortalece el compromiso de los trabajadores, mejora su imagen corporativa y la reputación de la empresa, entre otros.

v. **Imagen corporativa y reputación**: frecuentemente los consumidores son llevados hacia marcas y compañías consideradas por tener una buena reputación en áreas relacionadas con la responsabilidad social empresarial. También importa en su reputación entre la comunidad empresarial, incrementando así la habilidad de la empresa para atraer capital y asociados, y también con los empleados dentro de la empresa.

vi. **Rentabilidad de sus negocios o rendimiento financiero**: se refiere a la relación entre prácticas de negocio socialmente responsables y la actuación financiera positiva. Se ha demostrado que las empresas fieles a sus códigos de ética resultan de un rendimiento de dos a tres veces superior respecto a aquellas que no los consideran, de esta forma las compañías con prácticas socialmente responsables obtienen tasas de retorno a sus inversiones muy superiores a las expectativas.

vii. **Reducción de Costos Operativos:** Son múltiples las iniciativas que logran reducir costos a las empresas, principalmente del área ambiental, como los es el reciclaje, que genera ingresos extras.

viii. **Acceso al Capital**: Las compañías que demuestran responsabilidades éticas, sociales, y medioambientales tienen acceso disponible a capital, que de otro modo no hubiese sido sencillo obtener.

5.2 Mejora del desempeño empresarial

Es el cambio favorable y conveniente que sea notorio o importante, en la medida del desempeño global de una organización, entre dos periodos comparativos. Los dos factores claves para esta medida de mejora son:

a.   **Rentabilidad**

Para medir los indicadores del factor clave de rentabilidad, es necesario que se puedan establecer tres metas que están encadenadas, de tal manera que una conduce a la otra, hasta llegar a la última que es la que interesa desde el punto de vista del inversionista:

i. Rentabilidad sobre ventas
ii. Rentabilidad económica o sobre activos
iii. Rentabilidad financiera o sobre el patrimonio

b.   **Crecimiento**.

El crecimiento de una empresa se puede medir desde diferentes ángulos:

i. Crecimiento en ventas
ii. Crecimiento de los activos
iii. Crecimiento de personal
iv. Potencial de crecimiento financiero

CAPÍTULO VI

FACTORES CLAVE DE RESULTADOS E INDICADORES DE RESULTADOS

6.1. Factores clave de resultados

Son los elementos, áreas o puntos decisivos para la consecución de los objetivos estratégicos de la empresa y que guardan relaciones de causa-efecto. Miden el éxito en el desempeño de la gestión de una empresa. La suma de factores claves pone a una empresa en superioridad frente a las demás en un mercado determinado, constituyéndose en una ventaja competitiva.

En el Nuevo Modelo de Gestión Estratégica, se consideran cuatro Factores Clave de Resultados, de acuerdo con las múltiples dimensiones que la metodología plantea para ver el desempeño estratégico del negocio. Estas dimensiones permiten ver el negocio en cuatro perspectivas.

a. **Factores Clave Financieros:**

Son aquellos elementos referidos a la rentabilidad y crecimiento empresarial, que influenciarían en el ROI, ROE, aumento de ventas, aumento de la cuota de mercado y en la disminución de costos.

b. **Factores Clave de Clientes:**

Son aquellos elementos referidos al grado de satisfacción del cliente que determinan la repetición de compra, las ventas cruzadas y la captación de nuevos clientes.

c. **Factores Clave de Procesos Internos:**

Son aquellos elementos referidos a la optimización de los procesos internos que generarán la retención del cliente con una atención esmerada y un producto o servicio de calidad, con entrega puntual basada en una logística adecuada.

d. Factores Clave de Aprendizaje y Crecimiento:

aquellas áreas de los niveles más elementales de la organización, como la formación y los incentivos, que Son principalmente llevan a la satisfacción o la productividad de los empleados.

6.2 Indicadores de resultados

a. Factores Clave Financieros: Indicadores

i. Retorno sobre la inversión (ROI):

Es una relación contable que expresa la ganancia que obtiene una organización sobre la inversión realizada. Su fórmula es:

ROI = UAI / Activo total

i. Rendimiento sobre el patrimonio (ROE):

Es el resultado de dividir la utilidad neta entre el patrimonio. Se expresa:

ROE = Utilidad neta / Patrimonio:

ii. Crecimiento de ventas:

Se mide el aumento de las ventas de un año con respecto al año anterior. Se expresa:

$$\text{Crecimiento de vtas.} = \frac{\text{Vtas. actuales} - \text{Vtas. año anterior}}{\text{Vtas. año anterior}} \times 100$$

iii. Aumento de cuota de mercado:

Está dado por la relación entre la cuota de mercado año (n) y la cuota de mercado año (n - 1). Se expresa:

$$\text{Aumento cuota de mercado} = \frac{\text{Cuota de mercado año (n)}}{\text{Cuota de mercado año (n - 1)}}$$

iv. **Disminución de costos:**

Se mide por el monto de los costos fijos, con respecto a los costos totales. Se expresa:

$$\text{Disminución de costos} = \frac{\text{Costos fijos}}{\text{Costos totales}}$$

b. **Factores Clave de Clientes: Indicadores**

i. **Ratio de ventas por cliente:**

Se mide por el monto de las ventas netas, con respecto al total de clientes. Se expresa:

$$\text{Ratio de ventas por cliente} = \frac{\text{Ventas netas}}{\text{Total de clientes}}$$

ii. **Ratio de crecimiento de clientes:**

Se mide por el número de clientes nuevos, con respecto al total de clientes. Se expresa:

$$\text{Ratio de crecimiento de clientes} = \frac{\text{N° de clientes nuevos}}{\text{Total de clientes}}$$

iii. **Grado de satisfacción del cliente:**

Se mide por la cantidad de reclamos, con respecto a la cantidad de ventas o servicios. Se expresa:

$$\text{Grado de satisfacción del cliente} = \frac{\text{Cantidad de reclamos}}{\text{Cantidad de vtas. o servicios}}$$

iv. **Satisfacción del cliente:**

Se mide por el número de clientes año (n), con respecto al número de clientes año (n - 1). Se expresa:

$$\text{Satisfacción del cliente} = \frac{\text{Número de clientes año (n)}}{\text{Número de clientes año (n - 1)}}$$

c. **Factores Clave de Procesos Internos: Indicadores**

i. **Ratio de rendimiento:**

Se mide por el número de ventas y servicios, con respecto al activo fijo. Se expresa:

$$\text{Ratio de rendimiento} = \frac{\text{Número de ventas y servicios}}{\text{Activo fijo}}$$

ii. **Retención al cliente:**

Se mide por el número de reclamaciones, con respecto al número de ventas y servicios. Se expresa:

$$\text{Retención al cliente} = \frac{\text{Número de reclamaciones}}{\text{Número de ventas y servicios}}$$

iii. **Calidad:**

Se mide por el número de servicios rechazados, con respecto al número total de servicios. Se expresa:

$$\text{Calidad} = \frac{\text{Número de servicios rechazados}}{\text{Número total de servicios}}$$

iv. **Ratio ventas por cliente:**

Se mide por el número de ventas unitarias y servicios del ejercicio, con respecto al número total de clientes. Se expresa:

$$\text{Ratio vtas. por cliente} = \frac{\text{Vtas unitarias y servic. del ejercicio}}{\text{Total de clientes}}$$

d. **Factores Clave de Aprendizaje y Crecimiento: Indicadores**

i. **Ratio de utilidad por empleado:**

Se mide por la utilidad neta del ejercicio, con respecto al número de empleados. Se expresa:

$$\text{Ratio de utilidad por empleado} = \frac{\text{Utilidad neta}}{\text{Número de empleados}}$$

ii. **Índice de sugerencias:**

Se mide por la cantidad de sugerencias, con respecto a la cantidad de empleados. Se expresa:

$$\text{Índice de sugerencias} = \frac{\text{Cantidad de sugerencias}}{\text{Cantidad de empleados}}$$

iii. **Remuneración media por empleado:**

Se mide por el monto de la planilla total, con respecto al número medio de empleados. Se expresa:

$$\text{Remuner. media por empleado} = \frac{\text{Planilla total}}{\text{N° medio de empleados}}$$

iv. **Grado de capacitación:**

Se mide por la cantidad de personal capacitado, con respecto al total de personal. Se expresa:

$$\text{Grado de capacitación} = \frac{\text{Cantidad de personal capacitado}}{\text{Total de personal}}$$

CAPÍTULO VII

FUNDAMENTOS FILOSÓFICOS

Los aspectos filosóficos en la gestión empresarial, involucra cuestiones sobre lo que deberíamos hacer, basados en conocimientos, experiencias, juicios de valor y cuestiones del bien y el mal, contempladas en la ética.

7.1 Conocimientos, Experiencias y Juicios de Valor en la Gestión Empresarial

Según Rodríguez y Alemañy (1998): "La Administración Estratégica no debe verse como un conjunto de conceptos, métodos y técnicas que pueden ser enseñadas y aprendidas al nivel de habilidad. Es más, una combinación de fundamentos filosóficos y del comportamiento localizados al nivel de conocimientos y de las actitudes, tanto personales como profesionales y que tiene profundas y significativas implicaciones para la cultura de las organizaciones y las posturas futuras".

Lo más importante de la Administración Estratégica no es la forma de hacerla, sino la intención de quienes la practican. Se pueden tener múltiples formas para concebir la gestión estratégica y tantos modelos como investigadores dedicados al tema, pero poco se logra si quienes deben desarrollarla no poseen una bien definida intención estratégica.

La planificación estratégica incorpora la realidad cambiante y es considerada como una actividad lógica y realista que pone énfasis en el análisis externo, sin descuidar el interno; favorece el pensamiento intuitivo y la información cualitativa, por ello, la comunidad organizacional en su proceso de planificación, en lugar de llevarlo a cabo de manera aislada, la formulación de la estrategia ve la organización como una unidad lógica de los factores, pero además, considera la intervención de un actor único y racional (la alta dirección cuya racionalidad es esencialmente de tipo técnico – económico) que sabe definir perfectamente objetivos y un sistema de preferencias, apoyándose también en métodos e instrumentos analíticos a fin de intentar optimizar esfuerzos.

Aparece de esta forma un enfoque diferente para la formulación de la estrategia, en el que las variables del comportamiento organizacional y el poder tienen un papel preponderante, convirtiéndose así en un conjunto de procesos organizacionales y de intervenciones individuales claves.

De acuerdo con este enfoque, diseñar una estrategia supone una serie de pasos que permiten conjugar el pensamiento lógico y el pensamiento lateral o creador en aras de la generación de la capacidad de respuesta de la organización ante los imperativos del entorno.

De acuerdo con esto, queda claro que el liderazgo directivo, asociado a los correctos métodos de comunicación empresarial garantizará el desarrollo estratégico de la organización, lo cual exige del líder combinar flexibilidad y estabilidad, o lo que es lo mismo fusionar elementos contrapuestos.

Para lograrlo es preciso que se cumplan los objetivos de largo alcance previamente propuestos mediante una concepción estratégica; y esa concepción estratégica exige tres enfoques que se complementan:

Enfoque de sistema: Dado por la concatenación e interrelación de elementos que actúan desde dentro del sistema y sus relaciones con el entorno. Se logra con el análisis de las fortalezas y debilidades de la organización.

Enfoque de contingencia: Dado por la concatenación e interrelación de elementos que actúan desde el entorno y sus relaciones con el sistema. Se logra con el análisis de las oportunidades y amenazas que se presentan en la organización.

Enfoque de cambio: Dado por las transformaciones necesarias en la organización para adaptarse a las exigencias del medio. Se logra combinando los dos enfoques anteriores.

Analizando lo antes expuesto, se puede valorar que la estrategia de una empresa requiere de un enfoque de sistema, puesto que una empresa, como toda organización responde a la estructura de sistema, puesto que las acciones, sobre cualquiera de sus elementos componentes, modifican o afectan a los demás. Este enfoque requiere un diagnóstico interno que revele las fortalezas y debilidades de la organización como punto de partida de la estrategia.

Por su parte el enfoque de contingencia, es el reconocimiento de la empresa como sistema abierto, en el sentido de que desde el ambiente externo impactan sobre él diferentes fuerzas y tendencias que condicionan la interrelación de la organización con su entorno.

De acuerdo con este enfoque la empresa proyecta su estrategia considerando las oportunidades y amenazas que se presentan desde el exterior, lo que hace que este enfoque sea una prolongación del enfoque sistémico.

Por último, el enfoque de cambio expresa el proceso de mejoramiento continuo, basado en la filosofía del cambio y a la vez la esencia de la estrategia: el paso de un estado actual a un estado deseado, lo que puede interpretarse mejor en el siguiente esquema:

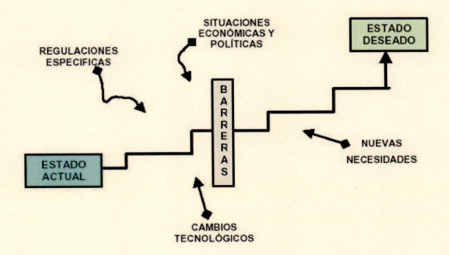

Figura 8. Mejoramiento continuo, basado en la filosofía del cambio

Fonte: Rodríguez, F.O. & Alemañy, S. (1998). *Enfoque, dirección y planificación estratégicos. Conceptos y metodología*

La filosofía primaria de este nuevo modelo de gestión estratégica, al igual que en el Cuadro de Mando Integral (CMI), se basa en que sólo se puede gestionar lo que se puede medir y que el determinante del valor de las empresas u organizaciones está cada vez más centrado en los activos intangibles que en los tangibles.

"Las oportunidades de crear valor, según ellos, están pasando de la gestión de activos materiales a la gestión de estrategias basadas en el conocimiento que despliegan los activos inmateriales de la organización: relaciones con los clientes, productos y servicios innovadores, procesos operativos eficaces de alta calidad, tecnología de la información y bases de datos y, también las habilidades y motivaciones de los empleados".

El otro principio del que se parte es que la medición de la actuación basada en datos contables y financieros no es suficiente, ya que los aspectos financieros a corto plazo "gestión por el retrovisor" no garantizan el éxito futuro.

7.2 La Ética:

La ética o filosofía moral es la rama de la filosofía que estudia la conducta humana, lo correcto y lo incorrecto, lo bueno y lo malo,4la moral,5 el buen vivir, la virtud, la felicidad y el deber. La ética contemporánea se suele dividir en tres ramas o niveles: la metaética estudia el origen, naturaleza y significado de los conceptos éticos, la ética normativa busca normas o estándares para regular la conducta humana, y la ética aplicada examina controversias éticas específicas.[1]

Para los asuntos específicos de la gestión estratégica, existen normas por las cuales se deberían gobernar los miembros de la dirección estratégica, que van más allá del consenso y reflejan la creencia en ciertos principios o lineamientos morales.

El siglo XX y la Ética de la Situación:

Dos fuerzas principales han tenido una influencia vigorosa sobre la ética occidental en el siglo XX: la ciencia y la tecnología y la segunda guerra mundial.

Se utiliza las observaciones científicas para llegar a juicios morales, es decir lo que es bueno y lo que es malo; la gestión estratégica empresarial no es mala porque sea indecente, irrespetuosa y egoísta, sino porque destruye o corrompe la personalidad de los participantes.

La segunda guerra mundial con la supervivencia en el campo de batalla, los campos de exterminio, las bombas atómicas, los juicios de guerra, plantearon nuevas cuestiones morales que todavía no se resuelven.

Y así se llega a la "ética de la situación" o nueva moralidad del siglo XX, como un fenómeno estadounidense arraigado en el pragmatismo. El principio fundamental es: "lo que sea la cosa más amorosa en la situación es lo recto y lo bueno", se ve lo bueno y lo malo en función de sus efectos

---

[1] Wikipedia, la enciclopedia libre, Ética, consultado el 05 de septiembre de 2023, disponible en https://es.wikipedia.org/wiki/%C3%89tica

sobre las relaciones interpersonales, y el amor como el único principio guía de las decisiones morales. Cualquier medio está justificado por el fin (amor).

La ética de la situación, respecto a la gestión estratégica empresarial, pide una valoración racional, no emocional, de cada situación y sus ramificaciones a corto y largo plazo.

7.3 Bases Epistémicas

Un análisis epistemológico de la gestión como disciplina del saber y como actividad empresarial, puede ser llamado como retos epistemológicos de la administración en la globalización contemporánea.

Asistimos al comienzo de un nuevo siglo, milenio y también al comienzo de una nueva era: la Era de la Tecnología de la Información y de la Economía del Conocimiento (Castro Díaz-Balart, 2002, p. 9). Pero, esos comienzos, se dan en un concierto de sinfonías paralelas, en el que rondan las incertidumbres junto a las verdades. Por un lado, el gran avance del conocimiento, las ciencias y las tecnologías; por otro, el agravamiento de las crisis ambiental, económica, energética, epidemiológica, alimenticia, habitacional, laboral, financiera, y hasta de la paz mundial.

De los siglos y las ciencias se ha dicho que el siglo XX fue el de la física y algunos esperan que el joven siglo XXI sea el de la biología. El siglo XX creó las premisas, las infraestructuras cienciológicas, tecnológicas y cognoscitivas, que permiten que el siglo XXI sea el siglo de las ciencias, el conocimiento y las tecnologías.

De la globalización muchas veces sólo se observa su expresión o faceta neoliberal actual. Pocas veces, sin embargo, se le comprende como consecuencia del desarrollo objetivo de la humanidad, tanto en lo económico, como en lo político, social y cultural. Ella tendrá diferentes expresiones, pero su objetividad y la impetuosidad de su desarrollo son incuestionables e irreversibles.

Entonces, al adentrarse en el siglo XXI, que está, entre otras cosas, marcado por una globalización definida por el auge de las ciencias, de las tecnologías, del conocimiento de alto valor social. Esta realidad irrumpe la vida de las investigaciones científicas, pero no sólo, irrumpe hasta en la vida cotidiana de las personas, de ahí que para todo desarrollo empresarial sea imprescindible partir de una meridiana comprensión de los retos que a la gestión empresarial impone esa globalización.

Esos retos se podría marcarlos en dos órdenes. El primero, referido a los impactos de esa globalización sobre el empresariado y su formación, tema muy importante para los predios universitarios tecnológicos en que el mismo se desarrolla. La segunda, referida directamente al componente técnico de la actividad empresarial.

En el primer orden citado, se debe partir de considerar que la formación empresarial, de manera directa, el empresario la asume tanto desde la práctica administrativa como desde el estudio de esa disciplina del saber, que es la gestión empresarial. He ahí retos que pudiéramos considerar primarios. La Administración, tanto como disciplina del saber que como práctica, no esta exenta de los cambios que enfrentan las ciencias y las tecnologías contemporáneas.

Definir hoy las márgenes de una disciplina se torna complejo. El propio proceso del conocimiento es el producto de una permanente convergencia disciplinar, matizado por el rol determinante de la organización, procesamiento y distribución de las megas magnitudes de la información que sobre cualquier fenómeno de la vida natural y social aparecen a diario en el mundo global que vivimos.

A ello se une el proceso permanente de origen de nuevas y muy sólidas disciplinas del saber, producto de nuevas fusiones, contactos e integraciones de disciplinas que pudieran considerarse de tradicionales. Son un ejemplo, la mecatrónica, la bioinformática, la genómica, la farmacogenómica.

Al lado de las mismas irrumpe la llamada ciencia reguladora, entendida como la actividad científica concretamente orientada a suministrar conocimiento para asesorar en la formulación de políticas (García P., 2001, p. 24) muy orientado a la regulación de tecnologías, producciones, a evaluar impacto ambiental, análisis de riesgos, etc., todas intrínsecamente vinculadas hoy al quehacer empresarial.

En esta urdimbre que conduce a los tejidos del conocimiento, las fronteras de las especialidades se tornan borrosas, ellas son cada vez más interdisciplinarias. Pero, al mismo tiempo, esta interdisciplinariedad resulta contradictoria.

Por un lado la ciencia es cada vez más el resultado de una labor interdisciplinaria. Ello atenta contra la fidelidad con que nos atenemos a las fronteras de la especialidad. Al mismo tiempo, mientras más profundizamos en los saberes, el conocimiento se torna cada vez más especializado. Esas dos tendencias subsisten y van conduciendo a saberes transdisciplinarios, altamente especializados, pero ahora desde una nueva visión de la especialidad.

La gestión empresarial no queda al margen de estas realidades. Los avances del conocimiento, de las ciencias y las tecnologías la impactan muy severamente en su actividad vital, al colocar el centro de su objeto de estudio, al cual consideraremos como la organización empresarial, inmersa en eso que se da en llamar nueva economía.

¿Por qué razones se puede hablar de nueva economía? ¿Dónde está su génesis: bien en la globalización o en los avances de las ciencias y las tecnologías?

Tanto globalización, como avances de las ciencias y las tecnologías, marchan en una urdimbre que conforma el sólido tejido de los saberes en la contemporaneidad. Los fenómenos del mundo de hoy viven bajo el influjo, y muchas veces son la consecuencia, de esa globalización y de los avances científicos y tecnológicos. Por eso es que los impactos en el mundo empresarial son el resultado de la incidencia sobre él, de la globalización y del desarrollo científico y tecnológico.

Desde la visión del conocimiento, las ciencias y las tecnologías, la nueva fase que vive el mundo fundamentalmente a partir de los años 90, ha conducido a la conversión del conocimiento en un fundamental recurso económico. Los procesos productivos de avanzada, cada vez se asientan más en el acceso al conocimiento, lo que de hecho se convierte en una notable ventaja competitiva. Se ha destacado que el recurso más importante de la economía moderna o nueva economía, como ahora suele llamársele, es el conocimiento, y por tanto, el mas importante proceso de desarrollo económico, es el aprendizaje (Castro Díaz-Balart, 2002, p. 225). Los países que tengan la capacidad de convertir la información en conocimiento útil tienen una ventaja comparativa en este contexto y deben desarrollar políticas para aprovecharla (p. 226).

Esta realidad conduce a que la empresa haya comenzado a convertirse en espacio de actividad científica y a que los científicos asuman en su formación disciplinar, la visión económica empresarial de su actividad. Claro que ello ha generado y tornado tenso el tema de la apropiación del conocimiento, a partir de tres mecanismos fundamentales: el reforzamiento de los derechos de propiedad intelectual; el desplazamiento del financiamiento de la investigación científica hacia el sector empresarial privado y por último, el flujo migratorio selectivo de personal calificado (Castro Díaz-Balart, 2002, p. 157).

El influjo de estos mecanismos no debe absolutizarse desde una óptica negativa, pues siempre que los mismos se acompañen de una conducta ética tanto del científico como del empresario, ello conducirá al incremento de la eficiencia y la eficacia en el cumplimiento de la misión social de la entidad.

Así es que el conocimiento se ha convertido para la actividad empresarial en el capital intangible, condicionante de ventajas competitivas. Ello enriquece y torna muy complejo el objeto de estudio de la gestión empresarial, y por tanto, crea nuevos rigores y exigencias al directivo que enfrenta hoy la misión de encaminar los destinos administrativos de la empresa.

En un tiempo la gestión empresarial solía asumir sus funciones a partir de considerar los componentes materiales de la empresa. Otro enfoque colocó en el centro al factor humano. Últimamente se han abierto paso las visiones que ven la empresa como un sistema en el cual interactúan, de modo bien integrado, sistémicamente los componentes materiales y subjetivos. Posteriormente, se comenzó a ver con nitidez el rol del factor contextual en el que ambos se desarrollan.

Pero, al entrar en el siglo XXI, marcado ya inevitablemente por los avances en el proyecto del genoma humano, se va abriendo camino la comprensión de esos elementos, integrados en sí mismos como un sistema. Se va entendiendo que este enfoque refleja una realidad que caracteriza a todo el mundo empresarial. Todas las entidades se componen de factores materiales y humanos interactuando en su contexto, y ello se da en una íntima interrelación sistémica. Entonces, ¿qué diferencia a unas entidades de otras, que conduce a que sus comportamientos sean tan disímiles?

Justo el hecho de que esas interacciones se dan en forma de tipos de redes emergentes, es decir, el accionar humano contextualizado sobre los componentes materiales de la economía, tanto del mundo como de la empresa, se da en forma de redes en las que hay flujos de tecnologías, ciencias, tecnociencias, finanzas, energía, información, etc., con el entorno creando la emergencia de sucesivas alternativas heterogéneas de inestabilidades y estabilidades.

Se va imponiendo incorporar el enfoque de la complejidad en el estudio de los fenómenos empresariales, partiendo de entender la acción en el mundo empresarial de factores tales como:

- Interacciones locales no lineales
- Conectividad
- Retroalimentaciones
- Reconocimiento de patrones propios
- Redes distribuidas
- Complejidad emergente

- Creatividad e innovación
- Flexibilidad y orientación al cambio (Sotolongo, 2002).

En el actual mundo globalizado, la gestión empresarial ha de tener en cuenta los componentes transnacionales, las bolsas de valores, las modificaciones en las prácticas y concepciones del marketing, el papel de los gobiernos y los conflictos políticos, etc., en fin, se torna una red global distribuida de interacciones.

El ejercicio práctico de la gestión empresarial actúa sobre el universo de lo que Marx llamara relaciones de producción, es decir, todas aquellas relaciones en que intervienen los hombres en el proceso de producción material. Más, en ese concepto no queda explícito el universo de interrelaciones contextuales, y no se podía ver aún la compleja telaraña que se teje como resultado de esas relaciones de producción. Se habla de las relaciones entre los hombres, y entre ellos con los objetos y medios de trabajo, en un contexto específico marcado por una época y un tipo de relaciones internacionales que, para la actualidad y como ya se ha dicho, se define por una globalización protagonizada por su carácter neoliberal y el contenido de desarrollo impetuoso del conocimiento, las ciencias y las tecnologías.

Así, toda actividad empresarial es la resultante de ese enorme mundo de interrelaciones. A partir de una analogía, se podría identificarlas como **Sinapsis**. Se tiene en cuenta que en el cerebro humano existen cerca de mil billones de estas conexiones. Claro que se lleva la comparación a la materia en su más alto grado de organización conocida, que es el cerebro.

Entonces se considera imprescindible añadir al ya casi universalmente reconocido enfoque de sistemas, el enfoque de la complejidad, que nos brinda los puntos conceptuales de partida y los métodos para penetrar en la comprensión de la heterogeneidad funcional de esas redes de interrelaciones emergentes que caracterizan el desempeño empresarial, y de cuyas cualidades y rasgos emergen la cualidad y rasgos de cada empresa.

En esa complejidad, el Cuadro de Mando Integral (CMI) viene operando cual estrategia de integración de todos los componentes del sistema. Pero, ha de ser, en primer lugar, integrador de las sinapsis que conforman la red empresarial. Para el Nuevo Modelo de Gestión Estratégica de la empresa, en la era global del conocimiento, las ciencias y las tecnologías, el dominio de los principios y métodos que permitan la comprensión de estas interrelaciones, se convierte en fuente de competitividad. Es un ejemplo de cómo en la nueva economía, el conocimiento es la fuente principal de ventaja competitiva, y la administración del capital intelectual es el imperativo empresarial, para sobrevivir (Bocangel Weydert, 2011).

Esa globalización inmersa en la era del conocimiento vuelve, como se ha visto, sumamente compleja la actividad del directivo empresarial. Exige un directivo altamente calificado, y un componente raigal de esa calificación es el conocimiento, tomando en cuenta su papel protagónico en los cambios referidos y para estar en la capacidad de entender el mundo de las ciencias, los requerimientos de la nueva economía, las exigencias interdisciplinarias de las nuevas tecnologías, etc. Ello implica estar preparado para asumir los retos epistemológicos de la administración contemporánea.

Visto así, la Administración como ejercicio práctico y como disciplina del saber, ha de venir configurando una epistemología regional propia, que le permita dar pasos mas seguros y sólidos en el desarrollo empresarial, basados en un elevado dominio de las ciencias y las tecnologías, que conduzcan a la entidad en cuestión pasar al dominio de esa nueva economía que hace del conocimiento su ventaja competitiva fundamental.

Los desafíos epistemológicos de la gestión empresarial contemporánea, son:

- La irrupción de la ciencia como actividad empresarial.
- La comprensión de la actividad empresarial como sistema de redes emergentes.
- La presencia en la actividad empresarial de los más notables adelantos de las ciencias y las tecnologías.
- El nuevo papel del conocimiento en el desempeño empresarial.
- La globalización de las interacciones de la empresa con su entorno.
- La irrupción de la multidisciplinariedad como condición de ejercicio de la gestión empresarial.
- El rol de las TIC en el ejercicio de la gestión estratégica y en toda actividad empresarial.
- La exigencia de construcción de infraestructuras de información.
- El necesario fortalecimiento, en esas condiciones, de los valores y patrones propios.

Estos retos exigen de una gestión estratégica altamente capacitada, y ello parte de una sólida base epistemológica en el ejercicio de la administración empresarial.

BIBLIOGRAFÍA

Apaza Meza, M. (2010). *Balanced Scorecard gerencia estratégica y del valor* (2a ed.). Editorial Instituto Pacífico.

Berenson, M., Krehbiel, T., & Levine D. (2007). *Estadística para administración* (4a ed.). Pearson Educación.

Bisquerra Alzina, R., Dorio Alcaraz, I., & Gómez Alonso, J. (2019). *Metodología de la investigación educativa*. Editorial La Muralla.

Bocangel Weydert, G., Rosas Echevarría, C. W., & Bocangel Marín, G. A. (2021). *Ingeniería de Procesos*. Editorial:Bocangel Weydert, Guillermo Augusto

Bocangel Weydert, G. A., Bocangel Marin, G. A., & Pastrana, N. (2019). *Un modelo de gestión del conocimiento para las Instituciones de Educación Superior*. Universidad del Sulla, Venezuela

Bocangel Weydert, G. (2008). *Curso Taller Balanced Scorecard*. Disponible en: https://dokumen.tips/documents/curso-taller-balanced-scorecard.html?page=1

Chiavenato, I., & Sapiro, A. (2017). *Planeación estratégica fundamentos y aplicaciones*. McGraw-Hill Interamericana Editores.

Estrada Llaquet, J. L. (2007). *Mejora de la competitividad de un puerto por medio de un nuevo modelo de gestión de la estrategia aplicando el Cuadro de Mando Integral* [Tesis para optar el Grado de Doctor]. Universidad Politécnica de Madrid.

García Palacios, E. M. (2001). *Ciencia, tecnología y sociedad*: una aproximación conceptual. OEI.

Hitt, M. A., Ireland, R. D., & Hoskison, R. (2008). *Administración estratégica* (5a ed.). Editorial Thomson.

Isotools.us. (2021). *Guía para implementar Balanced Scorecard paso a paso*. https://www.isotools.us/2021/06/16/guia-para-implementar-balanced-scorecard-paso-a-paso/

Kaplan, R., & Norton, D. (2016). *El Cuadro De Mando Integral The Balanced Scorecard*. Editorial Gestión 2000.

Kaplan, R., & Norton, D. (2008). *Execution Premium*: integrando la estrategia y las operaciones para lograr ventajas competitivas. Grupo Planeta.

Kaplan, R., & Norton, D. (2005). *La organización focalizada en la estrategia: cómo implementar el balanced scorecard.* Marcial Pons.

Kaplan, R., & Norton, D. (2000). *Cómo utilizar el Cuadro de Mando Integral, para implantar y gestionar su estrategia.* Editorial Gestión 2000.

Kaplan, R., & Norton, D. (2007). *Mapas estratégicos.* Editorial Gestión 2000.

Paredes Santiago, B. J. (2019). *Diseño de un modelo de Gestión Basado en la Metodología Balanced Scorecard, para la Empresa "Ferretería Construkasa", Cantón Pastaza, Provincia de Pastaza.* [Tesis para optar el Título de Ingeniero en Finanzas]. Escuela Superior Politécnica de Chimborazo.

Niven, P. R. (2006). *Balanced Scorecard step-by-step: maximizing performance and maintaining results.* Wiley.

Sierra Bravo, R. (2003). *Tesis doctorales y trabajos de investigación científica* (2a ed.). Edición Thomson Paraninfo.

Rodríguez, F.O. & Alemañy, S. (1998). *Enfoque, dirección y planificación estratégicos. Conceptos y metodología.* Centro Coordinador de Estudios de Dirección-Ministerio de Educación Superior, Cuba

Vega Becerra, I. (2009). *Balanced Scorecard,* Slidesshare, disponible en: https://es.slideshare.net/ivanvegab/balanced-scorecard-1551233

Villarroel, L. E. (2017). *Planeación y estrategia financiera.* CreateSpace Independent Publishing Platform.

ÍNDICE DE REFERENCIA

A

Aprendizaje 20, 21, 23, 24, 31, 34, 37, 43, 45, 47, 49, 54, 64, 67, 75

B

Balanced Scorecard (BSC) o Cuadro de mando integral (CMI) 29

Benchmarking 18

C

Cadena de valor 33

Calidad 17, 18, 21, 23, 25, 27, 29, 32, 33, 35, 36, 49, 63, 67, 71

Competitividad 18, 19, 23, 26, 45, 49, 77

Creatividad 77

Cuota de Mercado 19, 51, 63, 64

E

Efectividad 19, 23

Eficacia 18, 22, 28, 29, 75

Eficiencia 19, 23, 33, 45, 46, 49, 75

Empresa 17-20, 22-36, 42, 43, 45-52, 57, 59-61, 63, 70, 71, 75-78

Estrategia 20, 21, 23, 24, 26, 30, 31, 36, 38-43, 45, 47, 49, 69-71, 77

Excelencia 18, 21, 25, 33, 34, 36, 46

F

Factores Clave 19, 20, 63-67

Factores Clave de Aprendizaje y Crecimiento 20, 64, 67

Factores Clave de Clientes: 63, 65

Factores Clave de Procesos Internos 19, 63, 66

Factores Clave Financieros 63, 64

G

Gestión 17, 18, 20, 22-27, 30, 31, 35, 36, 43, 45, 47-49, 63, 69, 71-78

I

Indicador 38, 46, 50

Iniciativas Estratégicas. 38

Innovación 30, 54, 77

M

Mapa Estratégico 36, 37, 41, 45-47, 49

Medidas 19, 20, 24, 30, 35, 37

Mejora del Desempeño Empresarial 57, 61

Mejora continua 23, 29, 45, 49

Misión 26-28, 31, 45-47, 75, 76

O

Objetivos Estratégicos 24, 25, 27, 36-38, 46-49, 63

P

Percepción 19, 20, 58

Perspectiva 20, 21, 31-35, 37, 49, 51, 53, 54

Perspectiva Financiera 20, 31, 32, 37, 49

Plan 18, 19, 23, 25, 26, 43, 45, 49

Planeación Estratégica 18, 25, 26

Proceso 23-26, 28, 36, 41-43, 45, 48, 49, 59, 69, 71, 74, 75, 77

R

Recursos 17, 19, 21, 24, 26, 27, 30, 38, 47, 48, 50, 58

Resultados 17-20, 22, 24, 26, 29, 31, 36, 48, 49, 63, 64

S

Satisfacción del cliente 17, 19, 52, 63, 65, 66

Servicio 21, 24, 32, 35, 46, 63

Sociedad 17, 19, 58-60

V

Valor al cliente 36

Valores 27, 32, 35, 38, 58, 59, 77, 78

Visión 20, 24, 27, 31, 42, 43, 45-47, 74, 75